AF389886

LA
CAUSE DES EFFETS

PAR

Artus VINCHON-THIESSET

SAINT-QUENTIN

IMPRIMERIE DE LA Société ANONYME DU *GLANEUR*

—

1875

AVANT-PROPOS

Si l'homme, chef-d'œuvre de la création par la double qualité de son âme pensante et parlante, qui lui permet de la pouvoir concevoir, de s'initier à ses merveilles, si l'homme, dis-je, n'eut pas instinctivement été communicatif par son invincible désir de faire part de ses idées à ses semblables, il serait resté sauvage ; ses idées isolées, en mourant avec lui, n'ayant pu se perfectionner par leur combinaison avec celles d'autrui, n'auraient produit aucun fruit : le progrès n'aurait donc pu naître ; car, ce n'est que par la comparaison des différentes idées des hommes que, graduellement, ils doivent arriver à reconnaître celles qui sont fondées sur leur possibilité. C'est pourquoi les académies sont fondées pour comparer les idées nouvelles aux anciennes, afin de discerner les fausses des vraies.

Mais, malheureusement pour l'avancement du progrès, l'homme imbu des doctrines que dans sa croissance on lui aurait inculquées, ces doctrines enracinées en lui, y ayant été greffées au moment de sa pousse, lui font une religion qu'il professera parce qu'il la croira, et qui lui donnera toujours de la prévention, je pourrais dire de la répulsion contre les idées nouvelles, quoique celles auxquelles il croit ont aussi été nouvelles, et ont détrôné les fausses idées surannées qui les auraient devancées.

Ainsi, comme on le voit, la répulsion des savants contre les idées nouvelles est une loi toute naturelle, et qui est d'autant plus forte que les idées nouvelles seraient plus contraires à celle où la science est arrêtée.

Aussi, j'attribue les trouvailles que j'ai faites dans le système universel à n'avoir pris connaissance de ce qu'en dit la science que dans un âge avancé, où, dégagé de toute prévention, j'ai dû mieux voir les faits tels qu'ils sont.

L'astronomie, qu'on doit appeler la mère science, parce que toutes les autres sciences naturelles, que fatalement l'homme en a et a séparées, n'en sont que des dérivés ; la racine de chaque science provenant de cette souche, se trouve dans toutes les sciences naturelles, parce qu'elles viennent de cette mère science ; et, c'est cette séparation, je dirai mieux, mutilation de la science universelle qui a toujours empéché qu'on ne la comprenne, car il faut que ces dérivés puissent en tout s'accorder pour ne former qu'un tout ; et, tant qu'on les séparera dans l'éducation que l'on en donnera, la cause de chaque phénomène jamais ne se trouvera, puisque cette cause est dans toutes les sciences que l'on n'apprendrait pas.

On ne peut tout dire en même temps sur chaque chose de la nature, parce qu'elles se produisent mutuellement par leur enchaînement; on ne peut donc que les esquisser en commençant et ne les définir que graduellement à mesure de leur développement.

LA CAUSE DES EFFETS

Pour que les terres aient pu produire des végétaux, il a fallu que le feu solaire soit allumé pour évaporer de ses chauds rayons l'humide matière qui doit s'y transformer avec cette vivante chaleur: comme pour nourrir les animaux, il a fallu, avant eux, les végétaux.

Donc, la création dut commencer par les soleils, qui produisirent de leur épaisse fumée, surtout en commençant à s'allumer, qui s'en est envolée pour produire les planètes, par des nuages du genre des comètes, de ces vapeurs qui se condensèrent en s'éloignant de leur foyer, et déposèrent les croûtes de terre des planètes sur lesquelles naquirent les végétaux, par l'effet de l'attraction solaire qui, en les pénétrant de la chaleur de cet astre, produisit leur mouvement végétant en y attirant leur aliment, en y fermentant, et, de ces végétaux, se formèrent en s'en nourrissant, les animaux qui furent d'autant plus les derniers créés qu'ils vinrent plus perfectionnés ; car, à mesure que les feux solaires acquirent de l'intensité, leur plus épaisse fumée s'en étant envolée, cette vaporeuse fumée, recélant de la terre divisée en atomes ou poussière dans le feu solaire, que repoussait la force centrifuge du soleil qui les produisait, et la chaude lumière de son feu qui s'en exprimait en s'élançant vers la matière repoussée précédemment, et ensuite vers les astres, que forma cette matière condensée en nuages par son attraction pour l'animer, cette vapeur et cette lumière devenant toujours plus claires, à mesure qu'elles déposèrent autour des planètes qui tournent sur elles-mêmes, y formèrent des eaux et un air plus épurés de matière ; ces fluides éléments produisirent avec la terre qu'ils fluidilisèrent en l'évaporant des végétaux plus succulents, et ceux-ci, en les nourrissant, produisirent des animaux plus vivants ou plus intelligents ; l'esprit commandant la matière d'autant plus qu'il la dominait, lui donna en la transformant en être vivants, une attitude qui l'y décéla par ses gestes expressifs. La structure de l'homme étant la plus variée, offre les lignes les plus gracieuses par leurs ondulations, mais, surtout, parce qu'en marchant debout, son allure majestueuse est celle du commandement. Aussi l'exerce t-il sur tous les autres êtres vivants, même sur les éléments dont il sait tirer parti, en les dirigeant ou les employant à son profit. Car cet être intelligent fut créé par la nature pour contribuer à son perfectionnement. L'énergie de son esprit eut assez de puissance pour forcer l'organe de sa voix à articuler ses pensées, intelligiblement accentuées par son grand désir de les communiquer à ses semblables, pour leur intérêt commun, et de la réunion de leurs différentes réflexions sur les remarques qu'ils firent, leur intelligence grandit en connaissances dans le grand livre ouvert renfermant toutes les sciences.

Ainsi, la matière primitivement répandue dans un espace de l'espace (car l'espace étant infini ne peut jamais être rempli), je ne dirai pas comme Pascal : Que le centre de l'Univers est partout, et sa circonférence nulle part ; mais je dirai que l'Univers a un centre déterminé, comme tout ce qui est vivant ou mouvant ; un énorme soleil autour duquel doivent converger tous les autres soleils ses satellites, avec leur système qui converge aussi autour de chacun d'eux ; l'Univers ayant un centre déterminé, doit, par conséquent, avoir une circonférence, car on ne peut imaginer de limites à ce qui n'est rien, mais on ne peut non plus imaginer quelque chose sans limites, car ce quelque chose étant fini, doit être limité, puisqu'il a des faces, tandis que rien ne peut être borné.

Descartes croyait aussi que l'espace, quoiqu'infini, par l'Univers était rempli, en en donnant pour preuve que ce qui ne serait rien ne peut avoir de l'extension, et qu'un vase dont on extrairait l'air, s'aplatirait.

Je réponds à cette assertion, que plus la matière se raréfierait, plus elle se rapprocherait du vide ; donc, que le vide, loin de ne pouvoir s'étendre, serait la suprême extension. Est-ce parce que le vide refuse de se produire dans l'intérieur de l'Univers qu'on le croit impossible en dehors ?

Le vide refuse de se produire dans l'intérieur de l'Univers, parce que de l'air qu'on extrairait d'un vase, il ne peut s'en retirer que les parties assez matérialisées pour que l'aspiration de l'air de la pompe puissse le palper ; ces parties trop subtilisées, échappant à cette aspiration en ne pouvant prendre d'élan, ces parties doivent rester dans le vase qu'elles remplissent toujours en s'y raréfiant, en s'étendant à leurs dépens ; ces parties seraient la lumière de l'air qui aurait la faculté de s'étendre indéfiniment par son besoin de rencontrer une matière pour s'alimenter, et lorsqu'arrivé à trop de rareté, leur attraction sur l'air extérieur devenant grande, en proportion de leur différence de degrés, ces parties d'air de l'intérieur du vase, en attirant l'air du dehors plus fort que l'aspiration de la machine pneumatique ne les attire vers cet air, cet air du dehors, n'y pouvant arriver pour satisfaire l'attraction intérieure, celle-ci en attirant trop fort l'air extérieur, attire la paroi du vase qu'elle aplatit d'autant plus vite et plus fort que l'air attirant serait plus subtilisé et l'air attiré plus condensé, parce que l'attraction qui tend à égaliser leurs degrés en les mêlant, serait plus forte. Car il faut que l'air du dedans du vase en diminue la capacité en l'aplatissant pour s'y condenser, en s'y resserrant, afin d'arriver au degré de l'air du dehors s'il ne peut l'attirer, ou crever le vase s'il ne peut l'aplatir, puis y produire une explosion qui le mette en pièces, pour la satisfaction de son attraction inférieure sur l'air plus dense du dehors.

Mais s'il n'y avait pas d'air en dehors du vase, comme il n'y en a pas en dehors de l'Univers, n'y ayant pas alors d'attraction entre l'air que renferme le vase et le vide ou rien du dehors, le vase ne pourrait s'aplatir, puisque de l'air qu'il contiendrait rien n'en pourrait sortir, parce que la pompe qui serait en dehors n'en pouvant contenir n'en pourrait aspirer comme elle fait dans l'Univers, à mesure qu'en s'étendant, se raréfiant de matière dans le tube aspirant, l'air s'y subtilise et permet ainsi à l'air plus dense du vase d'y pouvoir pénétrer pour lui rendre sa densité. Car l'air du vase ne peut pénétrer dans le tube de la pompe s'il n'est plus dense que l'air que contient ce tube, parce que l'aspiration d'un air ne peut attirer un air moins dense que lui ni même du même degré. L'attraction n'existant pour faire mouvoir les fluides qui font mouvoir les fermes, qu'entre un fluide moins subtil que celui qui doit l'attirer, parce que le fluide plus dense se trouvant moins pressé dans un fluide plus subtil, plus rare de matière, doit y pouvoir pénétrer pour égaliser leurs degrés.

Selon la loi de la pesanteur, les fluides les plus pesants, les eaux, par exemple, occupent le plus bas niveau des fluides au-dessus du corps le plus ferme qui est encore plus descendu, parce qu'il pèse plus. Mais, l'aspiration d'un air ne peut attirer qu'un air plus dense que lui, afin qu'il puisse mieux le palper, qu'il ne l'en serait, et qu'il lui offre moins de pression qu'où il serait ; car, s'il est plus dense de matière, il n'en peut être attiré, l'aspiration de l'air attirant ne s'y pouvant accrocher, faute d'assez de matière, cet air du dedans doit lui échapper, en ne pouvant s'élancer.

Ainsi, quand l'air aspirant du tube de la machine pneumatique arrive au degré de l'air qu'il aspire du vase, il n'en peut plus aspirer, parce que l'air du vase ne pourrait pas plus changer son degré qu'où il est, et le mouvement n'a lieu que pour ce changement qui produit le mouvement. Plus un fluide se raréfie de matière vers laquelle tend la lumière, plus il va vers le vide, puisque moins il aurait de matière, moins il attirerait de lumière.

Donc, le vide serait l'extrême extension. Aussi est-il infini, tandis que le plein a une fin.

Une nuit noire doit exister tout autour de l'Univers, parce que la force centrifuge du soleil universitaire, dont je parlerai tantôt, qui est aussi limitée, puisqu'elle va toujours diminuant en s'éloignant de son astre ; cette force centrifuge du soleil universitaire ou central n'a donc pu repousser la matière que son astre aurait évaporée, ni lancer la lumière qui s'en serait exprimée plus loin que ces deux éléments ne purent occuper d'espace. Donc, qu'au-delà il ne peut rien y avoir qu'une nuit noire, faute de matière et de lumière. Car, où cette dernière rencontre une matière qui doit l'arrêter, elle doit l'éclairer et s'en réfracter d'autant plus intense, que la matière qui l'arrête est plus dense. Ainsi, un cylindre en cuivre mince s'aplatit quand la vapeur brûlante qu'il renferme y devient beaucoup plus abondante en calorique que l'air qui l'entoure ; mais une chaudière en fer épais, moins malléable, crève dans le même cas, vole en éclats au lieu de s'aplatir, parce que, présentant plus de résistance à la satisfaction de l'attraction de l'air brûlant qu'elle renferme, celui-ci, augmentant d'intensité par cette plus longue résistance, la crève par une plus vive explosion, par son attraction sur l'air beaucoup plus froid du dehors, comme fait l'artifice que renferme une bombe, dont l'attraction sur l'air lui fait aussi faire explosion.

Les aérolithes contenant aussi la chaleur à leur intérieur qui a attiré la matière dont ils se sont formés, cette chaleur étouffée à l'état latent dans cette matière, par la transition de l'air glacial qui domine cette chaleur qui ne peut se ranimer qu'en entrant dans l'atmosphère, parce qu'il y remonte de la chaleur solaire avec l'humidité qu'elle évapore sur la terre ; cette réanimation de la chaleur aéro-ydale y causant du gonflement par l'air qu'elle aspire, lui fait faire explosion par son attraction sur cet air.

C'est ainsi que la chaleur des nuages de l'orage s'en exprime en zig-zag, entre leurs pressions produites par leurs courants contraires. Cette foudre exprimée, brillante, comprimée par l'humidité des nuages dans lesquels elle gronde en allant vers un air moins humide, en y éprouvant moins de transition, elle s'y décontracte en s'y répandant, en s'y dilatant par une explosion.

C'est aussi ainsi que les vapeurs denses et brûlantes remontant dans la croûte de terre du vaporeux feu central qu'elle recouvre (dont je parlerai bientôt), ces vapeurs denses et brûlantes, par leur tendance vers la lune, dont la surface est de glace, et vers l'air glacial d'au-dessus de l'atmosphère, parce qu'il n'y peut remonter de la chaleur solaire qui se ranime contre terre en s'y alimentant des matières qu'elle y évapore ; les vapeurs denses

et brûlantes du feu intérieur de la terre, selon que se porterait
leur attraction (qui est la vie de tous les foyers, par leur mouvement remontant) et se comprimant en s'agglomérant, où n'y
pouvant remonter aussi vite comme leur attraction l'exige, ces
vapeurs comprimées acquérant plus d'intensité, augmentant
d'attraction sur la lune glacée ou sur l'air glacial qui entoure
l'atmosphère. ces vapeurs brûlantes se précipiteraient par explosion à travers les interstices de la croûte de terre avec tant
de furie, où elles rencontreraient le moindre courant d'air, où
qu'elles s'y seraient faites en fondant la matière ; qu'elles la
feraient trembler par les écartements qu'elles y doivent causer
du gonflement de l'air qu'elles aspireraient par la tendance des
fluides à égaliser leurs degrés, et parfois entr'ouvrent la croûte
de terre pour mieux se mêler à l'air quand leur attraction n'a pu
se satisfaire en terre. Ces vapeurs du feu central élèvent le degré
des eaux thermales en s'y mêlant plus abondamment qu'a l'ordinaire dans les tremb ements de terre. Car, ces eaux ne tiennent
leur chaleur que de ces vapeurs qui s'y agglomièrent plus qu'ailleurs, y étant attirées et arrêtées par des matières plus serrées.

Ainsi, est-ce qu'un feu igné de la nature d'un métal rouge de
feu pourrait jamais produire. par sa grande fermeté et sa grande
sécheresse, une vapeur mobile ou chaleur humide qui affluerait
instantanément, tantôt plus, tantôt moins abondamment et
alternativement en différents points de la croûte de terre qu'elle
recimente sans cesse ; tandis que la chaleur sèche d'un globe
métallique si volumineux aurait tant desséché la croûte de terre
avec les eaux de ses mers qu'il l'aurait mise en poussière ; au
lieu qu'un feu vaporeux doit la fertiliser, devant toujours l'hu-
mecter, ce qui y produit la vie vivante par la végétante, par
l'attraction des centres.

D'ailleurs, si la lourde croûte de terre qui est la roue de volée
de la planète, recouvrait un globe métallique plus pesant qu'elle
encore spécifiquement, est-ce qu'ainsi constituée la terre pourrait tourner avec un centre qui, étant plus lourd, enrayerait son
pourtour, et son air pourrait-il la porter quoique plus de mille fois
plus dense que cet air ?

Ainsi, par l'attraction du centre vers la circonférence, le vide
doit exister en dehors de l'Univers, quoiqu'il ne puisse se produire dans son intérieur : parce que l'incessante attraction de ce
centre brûlant sur la froide circonférence, fait que celle-ci s'y
pressant toujours, empêche le vide de se produire en le remplissant toujours. Car l'attraction part toujours d'un centre parce
que ce centre étant toujours abrité ou comprimé par l'air qui
l'entoure est toujours plus chaud, sa chaleur devant l'aspirer
par sa soif de fraîcheur qui est la tendance à égaliser les degrés.

Le liquide renfermé dans un tonneau ne coule pas quoique son robinet soit ouvert, tant que l'on n'a pas pratiqué un autre passage à l'air pour remplir le vide à mesure qu'il se fait ; car. il ne pourrait se faire parce que le liquide est attiré plus fort par l'attraction de l'air qui surnage toujours au-dessus du liquide, que la pesanteur du volume de ce liquide qui pourrait à la fois passer par la sortie du robinet ne peut attirer. Ainsi, pour que le liquide coule par un robinet sans ouvrir une autre entrée dans le tonneau à l'air du dehors, il faut qu'il puisse à la fois passer par la sortie du robinet un volume de liquide plus lourd que l'attraction de l'air du tonneau ne peut attirer ; alors, cette attraction augmentant en proportion que plus le liquide coulant à la fois du tonneau. plus d'air serait nécessaire à le remplacer; cette attraction doit attirer l'air par le robinet au-dessus du liquide qui y coule en le forçant à lui livrer passage selon qu'il en coule davantage. Un liquide dont une bouteille serait pleine, aspiré par le goulot dont l'entrée serait bouchée à l'air par les lèvres, cette aspiration vers le fond de la bouteille doit le crever pour que l'air puisse y entrer. Ce qui est arrivé en ma présence à l'un de mes enfants.

Les végétaux, les animaux attirent l'air d'autour d'eux par la chaleur de leur centre. Les planètes qui tournent directement sur elles-mêmes ayant ce mouvement vivant, ces planètes attirent l'air d'autour d'elles, et ce que cet air entraîne par le mouvement que sa planète lui communique en tournant. Ces planètes qui entourent leur soleil étant aussi comprises avec leur tourbillon dans sa sphère d'attraction. en sont aussi attirées et repoussées avec tout ce qu'elles attirent et repoussent aussi ; et ces soleils sont aussi attirés et repoussés avec tout ce qu'ils attirent et repoussent par un soleil central ou universitaire qu'ils entourent et dont la sphère d'attraction comprendrait tout l'Univers. Tout convergeant vers un centre. prouve qu'un énorme soleil, pivot de l'Univers, doit être à son centre vers lequel tend tout ce qui l'entoure.

Ainsi, de l'insecte comme de la plante microscopiques jusqu'aux astres les plus volumineux un centre est en eux, dont l'attraction sur le fluide qui les entoure, dont ils s'alimentent en l'attirant par leur force centripète, et qu'ils alimentent en l'y repoussant par leur force centrifuge, c'est l'aspiration et l'expiration de la vivante nature. Ces deux forces contraires en font comme un mécanisme séparé dans chaque chose animée, mais dépendant toujours de l'astre à la sphère duquel ils appartiennent. Le mécanisme des plantes et celui des animaux dépendant de celui de leur planète, celui des planètes dépendant de celui de leur soleil qui les entraîne autour de lui chacune à leur distance. Si, contre toute analogie, le mouvement de ces soleils qu'ils communiquent à leurs planètes par le fluide qui les sépare, ne dépendait pas

du mouvement d'un astre central qui maintiendrait aussi tous
les soleils à leur distance en les entraînant autour de lui, ces
soleils indépendants seraient des astres errants au gré du vent,
qui ne pourraient conserver leurs distances sans la puissante
attraction de l'astre central qui les attire constamment de sa
force centripète en les repoussant d'autant de sa force centrifuge
jusqu'à la hauteur où les mêmes forces des autres soleils, ses
satellites, attirant et repoussant en sens contraires de celles de
l'astre central arrivent à les balancer.

Tout mécanisme doit recevoir son impulsion d'un seul point,
aussi la création l'a placé au centre, parce que de ce milieu, sa
force correspond également à tous les autres points qu'il doit
mettre en mouvement par le sien en leur communiquant par le
fluide qui les sépare. Ce pivot du mouvement sur lequel par son
fluide s'appuierait tout l'Univers pour en recevoir l'élan par son
attouchement, ce pivot dut nécessairement et forcément se
former au centre de l'Univers, parce que le feu de la matière qui
s'y est allumée, ce feu s'y étant trouvé le plus comprimé par
l'énorme somme de matière qui l'entourait, ce feu ainsi comprimé y devint d'une ardeur extrême qui lui ayant proportionnellement fait attirer de matière pour l'alimenter, cette abondance
de matière dut, en y déposant les scories desséchées de cette
matière, en produire un sombre noyau solaire si volumineux
qu'il dut, en tournant, pouvoir entraîner autour de lui dans son
mouvement, par ses gigantesques volants enflammés, le fluide
composant son universel tourbillon formé des vapeurs qu'il dut
repousser provenant de la matière qui dut s'y évaporer. Ce tourbillon comprenant tout l'Univers, entraîne dans sa rotation tous
les autres petits tourbillons solaires qui entraînent chacun dans
la leur leurs tourbillons planétaires qui entraînent leurs lunes,
au moins ceux qui en ont

On pourrait m'objecter que si les soleils, satellites du soleil
universitaire, décrivaient autour de ce centre des orbes de
différentes grandeurs, les plus éloignés du centre employant
d'autant plus de temps pour en faire le tour que ce tour serait
plus grand, et que l'impulsion que leur donne le soleil central
en les entraînant dans sa rotation par le fluide de son tourbillon,
cette impulsion allant diminuant graduellement en s'éloignant
du centre, et que par conséquent on verrait du dérangement
dans la position respective de ces soleils.

Je réponds d'avance à cette objection, que si la terre, en variant
de soixante-dix millions de lieues dans l'orbe qu'elle parcourt, se
trouve toujours sous le même zénith, n'apportant aucun changement dans la position respective des étoiles qui l'entourent, les
étoiles polaires se trouvant toujours en face de ses pôles, l'étoile
la plus rapprochée de notre planète s'en trouvant à plus de six

mille milliards de lieues, le rayon visuel ne pouvant éprouver de déviation dans une si longue traversée perpendiculaire à ces astres comparée au court déplacement horizontal de la terre. Ainsi, l'espace qui sépare ces astres et en sépare la terre est si énorme que leur déplacement les uns par rapport aux autres, en mouvant surtout dans le même sens. ne peut devenir sensible de la terre qu'après des milliers d'années; car, depuis que la carte de la position respective de ces astres est tracée, aucun déplacement visible ne s'y est manifesté ; car, si ces astres. malgré leur énorme grosseur, nous seraient invisibles s'ils ne brillaient de leurs feux. combien les distances qui les séparent et nous en séparent comptent de lieues. L'espace étoilé, vu de notre terre, n'est qu'un petit segment du grand tourbillon universitaire qui peut être très rapproché de son bord extérieur, où le mouvement plus éloigné du centre qui lui donne l'impulsion est le plus lent.

Ainsi cette analogie dans toutes les choses diverses de la nature est-elle concluante en faveur de mon idée sur l'attraction des centres. Remarquez surtout la nécessité d'un astre le plus volumineux, tournant sur lui-même au centre de l'Univers, afin que le fluide remplissant cet Univers puisse s'y appuyer pour en recevoir l'élan du mouvement en le touchant Cet élan se communiquant de fluide en fluide du centre jusqu'à la circonférence que l'on nie. et qui, s'il n'y en n'avait pas, n'y ayant alors pas de centre. comment comprendrait-on cette communication qui fait que tout à tout correspond? Ainsi, dans le vide qui enture l'Univers n'y ayant rien qui attire ni qui puisse en être attiré, rien n'y peut pénétrer ni s'en retirer.

On ne peut faire le vide dans la machine pneumatique, car il doit toujours rester l'air qui. par sa grande subtilité, échappe à l'aspiration de l'air de la pompe qui ne le peut plus palper, parce qu'il n'est plus assez pesant pour prendre de l'élan. C'est pourquoi les objets, quelle que soit leur légèreté. y tombent aussi rapidement que les plus pesants ; parce que la grande attraction sur la matière de cet air subtilisé également doit les attirer, parce que son aspiration qui aurait balancé celle de l'air de la pompe, par sa soif de matière ; cette aspiration. en pénétrant plus facilement dans les pores bien plus ouverts des légères matières (comme le feu attire la plume et toutes les veules et légères matières) que dans ceux plus resserrés des denses matières, cette attraction du fluide raréfié dans la machine pneumatique doit aussi vite attirer les matières légères que la pesanteur des denses matières doit les faire se précipiter dans cet air sans résistance.

Ainsi, primitivement, la matière répandue dans un espace de l'espace n'avait de tendance à aucun mouvement, les forces centripète et centrifuge produites par la rotation des astres tournant directement sur leur centre ; ces deux forces régulératrices des mouvements en produisant la pesanteur de la matière qui entoure ces astres tournant en l'attirant et le repoussant alternativement; car, cette matière repoussée de l'astre doit tendre à y retomber.

Ainsi, tant que ces deux forces ne furent pas en activité, la matière dut rester stationnaire. mais la chaleur qu'elle renfermait à l'état latent arrivant à s'y échauffer en fermentant faute de mouvement, y alluma la matière en s'en alimentant. Et. comme il est impossible que dans un si vaste espace, le feu prit partout en même temps et également, les points qui les premiers s'allumèrent, attirèrent d'autour d'eux la matière pour alimenter leur feu. parce que, à mesure que cette matière y brûlait, celle qui put s'évaporer en épaisse fumée s'en envolait ; et c'est en attirant cette matière pour s'alimenter, que cette matière moins pressée en allant vers les points brûlants, dut y couler et les faire tourner en les poussant de côté en biaisant ; car, un fluide froid attiré par un fluide brûlant, ne peut, par la transition qu'il doit lui causer, y arriver carrément pour s'y mêler ; mais il doit tourner autour en spirale en s en rapprochant graduellement, jusqu'à ce que le chaud rayonnement de ce feu lui aurait communiqué le degré de chaleur nécessaire à se pouvoir mêler, l'attraction de ce feu arrivant à l'emporter sur la transition qui le lui faisait repousser, de sorte que le fluide attiré contre l'astre en biaisant, faisait un vent autour de ce fluide brûlant qui dut le faire tourner dans son sens ; et, en tournant, le fluide brûlant dut s'arrondir sphériquement.

Et, comme la matière qui forma le soleil universitaire en s'allumant au centre de l'Univers où la fermentation y ayant été le plus comprimée, s'y produisit plutôt et avec plus d'intensité ; ce soleil, en tournant, dut mettre en mouvement par les gigantesques flammes qui s'élevaient de ses flancs le fluide qui l'entourait, à mesure qu'en divisant la matière en scories ou en machefer qu'il désséchait, et en fumée qu'il évaporait, en repoussant cette dernière de sa force centrifuge ; cette fluide vapeur, en tournant autour de cet astre, dut entrainer dans son sens la matière attirée par les autres soleils dans chacun le tourbillon qu'envahissait leur sphère d'attraction ; ce qui fit tourner dans le même sens tous les astres brûlants. qui y firent aussi tourner les planètes de leur système par la même cause ; car, le fluide repoussé par les soleils acquérant de la densité en se refroidissant, en se contractant à mesure de son éloignement du soleil universitaire, comme de tous les autres soleils ; ce fluide plus dense du côté de chaque soleil tourné à l'opposé du soleil universitaire dut plutôt entrainer dans son sens chaque tourbillon solaire que le fluide moins condensé qui, se trouvant à l'opposé, prendrait dans son mouvement la rotation des tourbillons solaires en rebroussant. Ce qui fit tourner tous les soleils dans le même sens ; la même chose se produisant de ces soleils à leurs planètes (que j'expliquerai mieux à leur endroit) fit aussi tourner les planètes dans le même sens que leur soleil. De sorte que tous les astres de l'Univers, en tournant dans le même sens, ne pourraient s'être contraires.

Pour ne me pas brouiller avec les partisans d'une création infinie, je dirai que l'on peut imaginer l'existence d'Univers comme le nôtre à l'infini dans l'espace infini, mais pourvu que ces univers ne se touchent pas, que le vide soit entr'eux, afin que leurs mouvements ne se rencontrent pas ; car, le vide n'ayant aucune qualité, ne pouvant rien repousser ni attirer, ces univers ne pourraient jamais se toucher, chacun d'eux tournant toujours sur place en pivotant,

Descartes, pour ne pas laisser de vides, fit toucher ses tourbillons, parce qu'il n'a pas imaginé le grand tourbillon universitaire dans lequel tournent très distancés tous les tourbillons solaires, comme les tourbillons planétaires tournent aussi bien distancés dans leur tourbillon solaire. D'ailleurs, les innombrables couches de tourbillons qui se superposeraient les unes au-dessus des autres dans un espace infini, ces tourbillons, ainsi comprimés, devraient fermenter et finir par s'allumer, parce que, en se touchant, l'un l'autre s'enlaçant par leur forme biscornue, ils s'empêcheraient de tourner et d'avancer sur aucun sens en ne pouvant se desserrer. La rotation de ces tourbillons ainsi conçus devrait d'autant plus éprouver de difficulté qu'ils seraient plus bosselés, et que leur rotation se prendrait réciproquement tout autour de chacun d'eux en rebroussant, comme on peut le voir sur le plan.

Tandis que de petits tourbillons peuvent, étant séparés par différentes régions, tourner dans un plus grand tourbillon dans le même sens que l'astre qui en occupe le centre, qui est toujours un soleil ; car, les étoiles ou soleil satellites du soleil central tournent avec leur tourbillon autour de cet astre, entraînés par la rotation de son tourbillon, qu'il entraîne par la sienne ; la rotation des petits tourbillons qui tournent dans un plus grand en y avançant dans leur révolution de son mouvement de rotation. La rotation des petits tourbillons est causée par celle d'un plus grand, parce qu'ils ne la prennent par la leur en rebroussant que du côté où les astres des deux tourbillons se regardent ; les fluides des deux tourbillons y étant à leur jonction plus clairs de la lumière des rayons solaires qui y raréfient le fluide du petit tourbillon en en repoussant les parties matérialisées par le côté opposé qu'ils doivent remplacer de leur volume du côté du soleil ; ces parties matérielles se portent vers le côté du petit tourbillon opposé au soleil, en condensant le fluide ; les fluides plus clairs ou rares à leur jonction du côté du soleil, s'opposant tourbillons des étoiles ou soleils de Descartes que pour n'avoir imaginé un soleil central qui produirait un tourbillon universitaire, fut obligé de faire toucher ses tourbillons solaires pour qu'il n'y ait pas de vides. Mais les tourbillons en se touchant, en tournant du même sens, s'empêchent de tourner réciproquement; y en ayant toujours six autour de chacun d'eux qui tourneraient à contre sens.

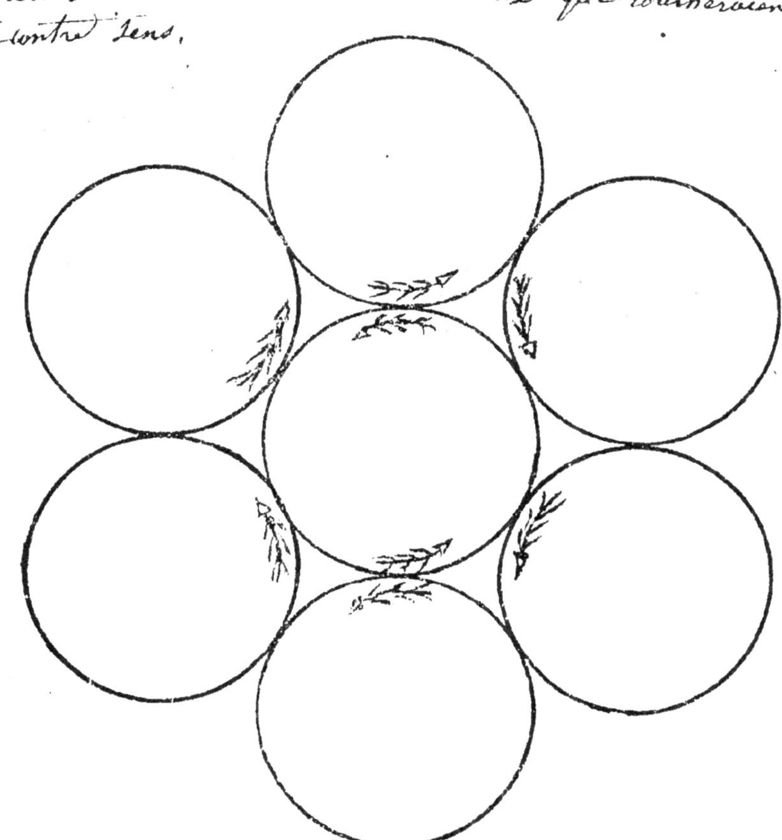

Le plan suivant représente notre système solaire, dont les planètes dans chacune leur tourbillon seraient entraînées par la rotation de celui de leur soleil; mais chacune à une distance assez différente de cet astre pour que la rotation de leurs tourbillons ne se causent pas trop de perturbations. Mais les tourbillons des étoiles sont d'autant plus distancés latitudinalement l'un de l'autre dans le grand tourbillon universitaire que ces tourbillons solaires infiniment plus grands que les tourbillons planétaires causeraient aussi plus loin des pressions dans le tourbillon universitaire que par leur rotation un plus énorme pointeur s'y déroulant à chaque tour aurait une plus vive vibration.

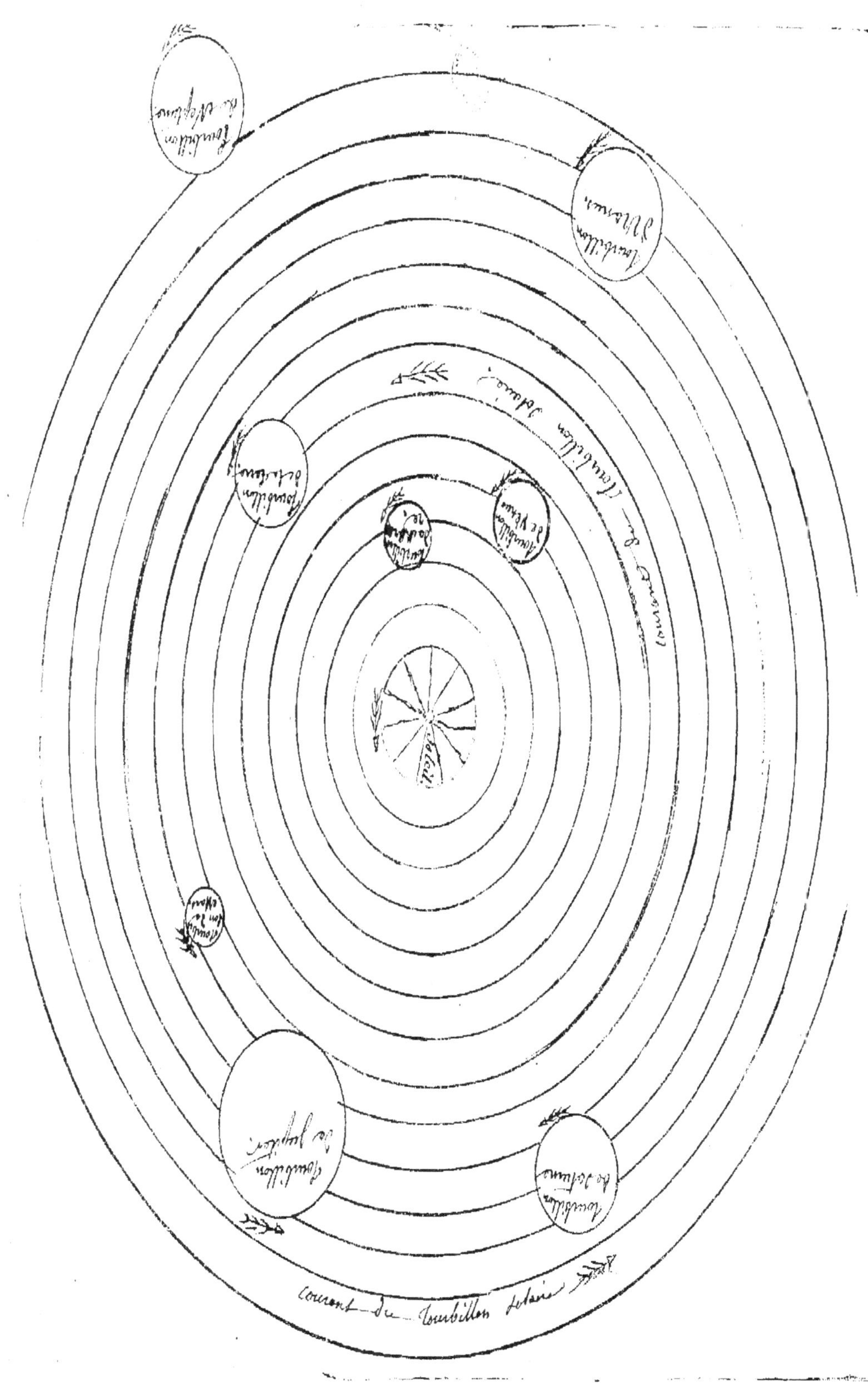

Tourbillon de Neptune
Tourbillon d'Uranus
Tourbillon de la Terre
Tourbillon de Mercure
Tourbillon de Vénus
Courant du Tourbillon solaire
Soleil
Tourbillon de la Terre
Tourbillon de Jupiter
Tourbillon de Saturne
Courant du Tourbillon solaire

moins de résistance, quoique en s'y prenant en rebroussant, que les fluides plus denses du côté opposé du petit tourbillon n'employent de force d'impulsion par leur plus grand élan pour s'entrainer réciproquement en s'engrenant en allant du même sens. La force, qui par ce dernier côté pousse à la rotation, étant de beaucoup supérieure à celle qui s'y oppose du côté du soleil, cette rotation doit s'effectuer dans le sens où plus de force y doit contribuer. La force qui s'y oppose du côté du soleil est le frein qui la modère quand trop elle s'accélère, car, plus elle irait vite, plus son frein s'y opposerait, parce que plus il la serrerait.

Le plan représentant notre système solaire dont les planètes dans chacune leur tourbillon seraient entrainées par la rotation de celui de leur soleil, mais chacune à une distance assez grande de cet astre pour que la rotation de leurs tourbillons ne se cause pas trop de perturbations. Mais, les tourbillons des étoiles sont d'autant plus distancés l'un de l'autre latitudinalement dans le grand tourbillon universitaire que ces tourbillons solaires infiniment plus grands que les tourbillons planétaires, causeraient aussi plus loin dans le tourbillon universitaire que par leur rotation un plus énorme pourtour s'y déroulant à chaque tour aurait une plus vive vibration.

Comme on le voit sur le plan, la rotation des tourbillons des planètes en tournant dans le même sens que celle du tourbillon de leur soleil, cette rotation des tourbillons planétaires doit aller à contre-sens de celle du tourbillon solaire du côté de cet astre où le fluide est plus clair de lumière, et aller dans son sens du côté opposé où le fluide des deux tourbillons y étant plus condensés, doivent mutuellement s'entrainer.

Mais quelle preuve pouvait avoir Descartes et ses adhérents que le vide ne peut exister en dehors de l'Univers, n'ayant pu y expérimenter ; car, si le vase de Descartes était dans le vide, on n'en pourrait extraire l'air s'il en contenait, parce qu'il n'y aurait pas d'attraction entre l'air du vase et le rien du dehors qui ne pourrait l'attirer. Par conséquent, ce vase ne s'aplatirait pas.

Ainsi serait l'Univers, car l'attraction partant toujours d'un centre vers sa circonférence, parce que ce centre toujours plus abrité ou comprimé par la matière qui l'entoure étant toujours plus chaud, doit toujours l'attirer par l'éternelle tendance des fluides à égaliser leurs degrés.

J'espère qu'on ne m'obligera pas à faire une expérience en dehors de l'Univers pour prouver ma thèse, car, les raisons sur lesquelles je la fonde doivent m'en dispenser.

Les végétaux, les animaux attirent d'autour d'eux par la chaleur de leur centre ce qui les alimente et en repoussent les sécrétions, ce qui produit leur mouvement vivant. Les planètes qui ont un mouvement tournant sur elles-mêmes auraient aussi un mouvement vivant par leur feu central qui leur ferait attirer son aliment par leur force centripète et repousser ses sécrétions par leur force centrifuge. Ainsi, ces astres attirent et repoussent aussi les fluides qui les entourent ; et c'est cette attraction et cette répulsion qui causent leur rotation, qui est leur mouvement vivant, dont bientôt je donnerai la raison.

Le fluide du tourbillon universitaire n'éprouvant pas de pression contre le vide qui l'entoure comme en éprouvent tous les autres tourbillons, car, ces tourbillons en tournant dans un plus grand, leur fluide doit se condenser entre les pressions contraires de leur force centrifuge et celle du tourbillon dans lequel ils tournent du côté où leurs astres se regardent, où leur rotation s'y prenant en rebroussant, augmente encore la pression. Le fluide de tout le pourtour des tourbillons qui tournent dans un plus grand, ce fluide par sa rotation plus cintrée que celle du fluide du plus grand s'y condense en s'y pressant, surtout du côté du tourbillon plus petit où sa planète y descend ou y remonte en se rapprochant ou s'éloignant de son soleil ; et aussi du côté du jour où la rotation des deux tourbillons s'y prend en rebroussant ; mais où la lumière solaire en y pénétrant, y repoussant toujours de son volume la matière par le côté de la nuit, y condense toujours le fluide du petit tourbillon, c'est pourquoi la rotation de ces tourbillons s'est produite par ce dernier côté où leur fluide plus sombre de matière y ayant plus de densité y fut bientôt entraîné par la rotation du fluide du tourbillon solaire qui y engrène le fluide du tourbillon planétaire en pouvant le palper.

Le fluide du grand tourbillon universitaire, au contraire, en tournant dans le vide qui l'entoure, dut nécessairement aller en se raréfiant graduellement, partant du centre du tourbillon en allant vers sa circonférence où il doit finir à rien, y produire le vide n'y éprouvant pas de pression pour s'y condenser en s'y trouvant refoulé comme le sont tous les autres tourbillons ; car, la force centrifuge du soleil central qui repousse du centre vers la circonférence, cette force allant toujours diminuant en s'éloignant de ce centre, cette force ne peut donc repousser le fluide plus loin qu'où elle est épuisée, et d'où la force centripète qui balance toujours la force centrifuge doit le réattirer vers le centre en même quantité : car, tous les fluides étant soumis à ces deux forces contraires, causes de leurs mouvements, il ne peut donc y avoir de fluide où ces deux forces ne peuvent atteindre, l'une pour en repousser, l'autre pour en attirer : ces deux forces étant le mouvement vivant de la nature, produisirent les astres comme la vie vivante et la végétante.

N'est-il pas de toute évidence que ces deux forces doivent avoir des limites en allant toujours diminuant en s'éloignant du point repoussant et attirant, comme diminuent l'impulsion et l'intensité de la lumière et du son qui, partant aussi toujours d'un point central en se répandant autour dans un espace s'élargissant en tous sens, y doivent finir à rien. Comme les forces centrifuge et centripète en diminuant selon le carré de la distance doivent arriver à s'épuiser.

Les forces centrifuge et centripète de la baleine ou de l'éléphant s'étendent bien plus loin que celles des petits fretins ou des petits insectes ; il en est de même de celles des astres qui s'étendent aussi d'autant plus loin que ces astres auraient aussi plus de volume. Plus le soufflet est gros, plus ses forces d'aspiration et d'expiration sont grandes.

Dans la définition que je donnerai de la gravitation universelle, j'y donnerai une nouvelle preuve de la nécessité d'un énorme soleil pivotant au centre de l'Univers, entraînant dans sa rotation tout le fluide de son tourbillon universel, qui entraîne par la sienne tous les autres astres dans chacun leur tourbillon, dans leur révolution autour de ce centre. Ces astres satellites de ce soleil central, contribuent puissamment dans chacun leur région à cet entraînement en l'y activant par l'élan du déroulement de leur tourbillon qu'ils leur communiquent par leur rotation. Les planètes satellites chacune de leur soleil, activent aussi leur révolurion autour de leur soleil par la même raison.

Les lunes satellites de leur planète, quoique n'ayant pas de tourbillon, parce qu'elles ne tournent pas sur elles-mêmes, ces lunes par leur plus de densité que le fluide du tourbillon de leur planète qui les entraîne dans sa rotation autour de sa planète, et surtout parce que ces lunes étant tout d'une pièce, se trouvent mieux palpées par ce fluide qui ne peut les traverser comme il se traverse lui même, ces lunes l'activeraient également à leur hauteur, en y prenant plus d'élan. Ce qui expliquerait la vitesse de la révolution des lunes autour de leur planète plus grande que la force centrifuge de cette dernière ne peut être à cette hauteur.

Ainsi, tant que la matière qui dut en s'évaporant de tous les feux solaires former le fluide éthéré remplissant tout l'Univers, repoussée par leur force centrifuge, de ce fluide qui se condensa à la jonction des tourbillons des simples soleils au fluide du tourbillon du soleil central du côté où les simples soleils regardent ce roi soleil, entre les pressions contraires des forces centrifuges les simples soleils et celle du soleil central ; et, de ce fluide condensé se formèrent dans chaque tourbillon solaire leurs planètes et leurs comètes, et les lunes des planètes se formèrent du fluide du tourbillon de ces dernières qui se condense aussi à leur jonction au tourbillon de leur soleil du côté où les planètes regardent leur soleil entre les pressions contraires des forces centriuges des planètes et celle de leur soleil. Tant, dis-je, que cette matière primitive, avant que d'être allumée, fut partout du même degré. n'ayant alors de tendance à aucun mouvement, il ne put y avoir ni attraction ni pesanteur n'y ayant ni force centrifuge ni force centripète. causes de l'attraction et de la pesanteur, qui rectifient les excès des forces centrifuge et centripète qui déségalisent toujours les degrés des fluides, la force centripète les recondensant toujours, la force centrifuge les refluidilisant toujours, l'attraction et la pesanteur tendant constamment à leur réégalisation, est ce qui en perpétue les mouvements. Le moteur de l'Univers est la chaleur du soleil universitaire, la chaleur des autres soleils ses satellites serait les moteurs répercuteurs du soleil central dans chacun leur système.

Ainsi, les deux forces déségalisatrices et les deux forces réégalisatrices des degrés des fluides ne durent fonctionner que lorsqu'en s'allumant, les soleils tournèrent, et le degré de la matière s'inégalisant, parce que où elle brûla. s'y subtilisant du feu qui la pénétra, elle y devint plus claire ou plus rare de matière en la repoussant en fumée ; tandis qu'où ne brûlant pas elle avait toute sa densité. Cette matière plus pesante et plus froide que celle qui brûlait, se trouvant de moins en moins pressée en allant de son côté, dut, par sa pesanteur, naturellement y couler sitôt que par l'effet de cette chaleur elle atteignit un peu de fluidité de celle qui l'aurait pénétrée ; la force centripète de l'astre enflammé ayant dû l'attirer, car. sa matière allumée par sa grande fluidité dut en tournant s'arrondir en tous sens ; et, comme les feux solaires ont dû repousser de leur intérieur par le rayonnement de leur chaleur et par leur force centrifuge, les parties les plus légères susceptibles de s'évaporer, la force centrifuge de leur lente rotation n'ayant pu en repousser les parties qui, au lieu de s'évaporer, se desséchèrent en scories légères, et y restèrent pour en former leur noyau. C'est ce qui explique la lenteur de leur rotation, leur pourtour, ou leur roue de volée n'étant pas plus pesante que leur axe ou centre, ne put guère prendre d'élan. Cette lente rotation, qui est déjà assez vive au pourtour de l'équateur de l'astre par son énorme grosseur, est nécessaire pour ces astres enflammés à leur surface ; car, si elle était plus vive, les flammes qui s'en élèvent s'éteindraient par l'air qui les soufflerait du mouvement trop violent que ces flammes, par leur énorme hauteur, lui causeraient par leur mouvement rotateur.

Ainsi, il dut se former autant de soleils qu'il y eut de points brillants dans le firmament, parce qu'ils furent attirants par leur force centripète la matière dont ils s'alimentèrent, et repoussant, par leur force centrifuge cette matière à mesure qu'ils en évaporaient la partie évaporable dont ils formèrent leur tourbillon qui s'étendit en proportion que leur force centrifuge put repousser de

cette matière évaporée en fumée de celle qui n'ayant pu se flui-
diliser dut y rester pour former l'astre, qui est d'une si grande
sécheresse qu'il ne peut plus s'allumer étant formé de scories
desséchées au plus haut degré ; car, pour qu'une matière puisse
brûler, il faut qu'elle contienne une humidité qui attire la sèche
chaleur qui doit l'allumer en la faisant gonfler de son volume,
cette humidité évaporée par sa légèreté s'en envole en abandon-
nant la matière divisée en scories et en poussière.

Le tourbillon de chaque soleil s'est donc formé de la vapeur ou
fumée qu'en tournant, armé d'énormes volants enflammés, il dut
repousser en biaisant en l'entraînant dans son mouvement tournant ; et, selon la plus grande intensité du feu de ces points allumés (car, il est impossible que des feux si nombreux ayent tous
eu la même intensité), ces points brûlants attirant d'autour d'eux
plus ou moins de matière pour s'alimenter, formèrent des soleils
plus ou moins volumineux de la matière qui, n'ayant pu s'évaporer, dut y rester, et dont les tourbillons grands en proportion
de ce que ces astres repoussèrent la matière évaporée, laissèrent
plus de distance entre eux dans le grand tourbillon universitaire ;
car, en proportion de leur plus d'étendue, les pourtours plus
grands de ces tourbillons solaires se déroulant en moins de temps
que les plus petits tourbillons solaires durent, par leur plus vive
vibration, repousser plus loin ceux qui les entouraient. Et, d'ailleurs, ils ont dû attirer d'un plus grand espace la matière dont
ils se formèrent.

Je n'en puis donner la preuve que par la comparaison analogi-
que des tourbillons planétaires tournant dans leur tourbillon
solaire; ainsi, le tourbillon de la planète Jupiter, qui doit être le
plus grand des tourbillons planétaires de notre système solaire ,
ce tourbillon, à en juger par la vitesse de rotation de sa planète,
doit faire deux tours et demi contre un de celui de la terre, ce
que les lunes de Jupiter peuvent nous dire: le tourbillon de
Jupiter développant dans le même temps vingt-sept fois autant
de pourtour que celui de la terre ; cette plus vive vibration des
grands tourbillons doit repousser plus loin d'autour d'eux les
autres tourbillons dans celui bien plus grand encore de leur
soleil dans lequel ils tournent par la plus grande pression qu'ils
y doivent causer. Ainsi , les tourbillons solaires dans le
grand tourbillon universitaire, comme les tourbillons planétaires
dans leur tourbillon solaire, seraient d'autant plus écartés les uns
des autres qu'étant plus grands, ils tourneraient plus vite à leur
pourtour, et que causant plus de pression dans le fluide qui les
sépare, ils s'y repoussent davantage.

Ainsi, les étoiles les plus brillantes, parce qu'elles seraient les
plus grosses, sont aussi plus isolées , tandis que les nébuleuses,
qui doivent être les plus petites, sont plus rapprochées les unes
des autres.

Je trouve la preuve de cette assertion, qui me donne en même temps la preuve de l'existence des tourbillons, dans les distances qui séparent les planètes du système solaire ; car, ces distances se rapporteraient assez avec la grosseur des tourbillons de ces planètes supposée d'après la grosseur de ces astres et leur vitesse de rotation qui entraîne le fluide qui les entoure d'autant plus loin d'auteur de ces astres qu'elle a plus de vibration.

Ainsi, de Mercure jusqu'à Mars, qui sont les plus petites planètes du système de notre soleil, les distances qui séparent ces planètes sont très petites, comparées à celles qui séparent les quatre autres planètes beaucoup plus grosses. L'essaim de petites planètes d'entre Mars et Jupiter sont plus rapprochées les unes des autres encore. Ainsi, Vénus n'est éloignée de Mercure que de douze millions de lieues, la terre que de onze millions de Vénus, Mars que de dix-huit millions de la terre, tandis que Jupiter est éloigné de Mars de cent vingt-sept millions de lieues, Saturne de cent quarante-neuf millions de Jupiter. Uranus de quatre cents millions de Saturne et Neptune de trois cent un millions d'Uranus.

Une autre cause encore a dû contribuer à ces différences d'éloignement des astres, qui sont de plus en plus grands en s'éloignant de leur soleil, c'est que la matière qui primitivement s'est divisée au foyer solaire en atômes et en lumière qui s'en sont envolés et exprimés, et dont se formèrent du fluide éthéré qu'elles produisirent tous les astres de son système : cette matière évaporée fut repoussée de cet astre par sa force centrifuge de plus en plus subtilisée à mesure que son feu acquérait plus d'intensité ; car, une moins épaisse fumée en fut repoussée et une plus claire lumière dut s'en exprimer à mesure que s'en envolait sa plus humide ou terne matière : de sorte qu'il a fallu beaucoup plus de temps, que le tourbillon de cet astre ait été beaucoup plus grand, pour que de cette plus subtile matière, il ait pu s'en condenser assez à la jonction de chaque tourbillon solaire au fluide du grand tourbillon universitaire entre les pressions contraires de leurs forces centrifuges qui existent du côté où ces astres se regardent, pour en former un astre, surtout ayant à s'y rassembler d'un bien plus grand pourtour. Comme on le voit, la nature, loin d'avoir horreur du vide, y tend constamment, le degré de densité de sa matière devant toujours diminuer en s'étendant, se raréfiant dans un espace qui va toujours s'élargissant en tous sens partant de chaque astre qui la repousse en tournant de sa force centrifuge. Car, primitivement, quand les feux solaires s'allumèrent, leur force centrifuge repoussant d'abord leur plus épaisse fumée, cette fumée repoussée autour de ces astres allumés leur en fit à chacun un tourbillon dans le grand tourbillon universitaire, dont le fluide beaucoup plus subtilisé que celui des autres

petits tourbillons solaires qui tournent en avançant de la rotation
du sien, parce que cet astre central ayant commencé le premier
à brûler d'un feu d'une bien plus grande intensité que celui des
autres soleils, parce qu'étant au centre de la matière, il y fut le
plus comprimé : le fluide de son tourbillon dut donc s'éclaircir
en proportion qu'une moins épaisse fumée en fut repoussée à
mesure qu'elle dut l'agrandir ; car, pour qu'un tourbillon puisse
tourner dans un plus grand, il faut que son fluide ait plus de
densité pour ne pas s'y mêler. Ainsi, le fluide des tourbillons
solaires est plus dense que le fluide du grand tourbillon universitaire ; comme le fluide des tourbillons planétaires, formé en partie
des matières, repoussé de leur planète, est aussi plus dense que
le fluide du tourbillon solaire dans lequel ils tournent sur eux-
mêmes, en y avançant, en y roulant de leur mouvement tournant,
y étant aussi entraînés dans leur révolution autour de leur soleil
par la rotation du fluide de son tourbillon.

Ainsi, de la plus épaisse fumée qui fut repoussée de notre foyer
solaire par sa force centrifuge, Mercure dut se former à la hauteur de ce soleil où était alors arrivé le pourtour de son tourbillon, d'un épais nuage qui dut se condenser à la jonction de
notre tourbillon solaire au courant du fluide du grand tourbillon
univers-itaire, du côté où ces astres se regardent ; ces deux forces
y repoussant l'un contre l'autre le fluide de chacun leur tourbillon, y durent condenser la partie du pourtour de notre tourbillon solaire exposée à cette pression ; le long nuage qui s'en
forma arrivant entre ces deux pressions à la condensation suffi-
sante pour pouvoir arrêter assez les rayons solaires, en leur présentant toujours le même côté qui, étant le plus lourd, pesait
vers cet astre, étant renfermé dans sa sphère d'attraction, comme
la lune présente toujours aussi la même surface à la terre, parce
qu'elle y pèse aussi par la même raison qu'elle est dans sa sphère
d'attraction. Le côté le plus lourd du nuage qui forma Mercure,
toujours tourné vers le soleil (comme le noyau des comètes qui
y tournent ce bout), afin que ses rayons puissent s'y comprimer
pour en pouvoir évaporer l'humidité du côté du soleil ; ce qui
en allégeant ce côté le plus bas du nuage, dut y faire descendre
en tournant le côté opposé qui était le plus haut, son fluide plus
dense le rendant plus pesant que le fluide opposé que les rayons
solaires avaient évaporé le força à y tourner, et, en y arrivant, y
éprouvant à son tour le même allégement par la même évaporation des rayons solaires en même temps que l'humidité évaporée à la première surface, que la force centrifuge de l'astre qui
venait de naître en avait repoussée, cette humidité entraînée par
le mouvement tournant de la surface qui l'avait repoussée en remontant, cette humidité y retombant en arrivant dans la nuit,
attirée par sa pesanteur contre la planète par sa force centripète,

ou l'attraction de son feu central (dont j'expliquerai bientôt la formation), ce côté de la nuit rechargé par la force centripète, qui agit en sens contraire de la force centrifuge par rapport à leur planète, mais ces deux forces agissant dans le même sens par rapport au soleil, le côté de la nuit rechargé par la force centripète, doit encore faire basculer le côté du jour déchargé par la force centrifuge, et, pour toujours l'un l'autre se remplacer en continuant de se basculer.

La force centrifuge du soleil ayant repoussé de cet astre toute la matière évaporée qui composa son système, astres et fluide éthéré ; ce système toujours repoussé par cette force, chaque chose maintenue à sa hauteur selon son degré de pesanteur combinée à son plus ou moins de palpabilité, doit donc tendre à y retomber toujours, car, sa force centripète doit le réattirer toujours.

Ainsi, la force centrifuge des planètes repoussant toujours le fluide qui les entoure par leur surface tournée du côté du soleil, et leur force centripète le réattirant toujours contre leur surface opposée, est ce qui les fait tourner, ces deux forces, comme je viens de le dire, qui agissent contrairement par rapport à leur planète, agissant dans le même sens par rapport à son soleil), parce que du dessus comme du dessous des planètes tout tendrait vers leur soleil et y tomberait si constamment sa force centrifuge ne le repoussait.

La loi de la pesanteur n'existe que vers les astres qui tournent directement sur eux-mêmes, car tout ce qu'ils repoussent par la vibration de leur surface bosselée tend à y retomber.

Ainsi, l'air qui s'élève toujours des planètes par leur surface tournée vers leur soleil, pour faire place à la lumière de cet astre qui s'agglomère jusqu'à une certaine hauteur contre cette surface, et, cet air en redescendant toujours par leur surface opposée, en déchargeant constamment leur plus basse surface et en chargeant constamment leur plus élevée, ne doit-il pas les faire tourner ?

Primitivement ces fluides masses en forme de longs nuages, ces fluides masses en tournant, durent s'arrondir en sphéroïdes, car, leur force centrifuge repoussant toujours leur fluide le plus dense de leur centre, surtout vers leur équateur où cette force est la plus grande, et leur force centripète attirant ou aspirant leur fluide par leurs pôles à leur centre, ces pôles, sous cette pression et par cette déperdition, durent s'aplatir d'autant comme à l'équateur il en dut surgir.

Ainsi, la force centrifuge, parce qu'elle dut mieux les palper, repoussant des fluides leurs parties les plus matérialisées partant du centre de sa planète en remontant, et la force centripète les y attirant en descendant, leurs parties les plus pesantes prenant toujours le devant dans ce mouvement, les denses parties des fluides remontant du centre du globe et y descendant de son pourtour, ces parties remontantes et descendantes où elles se rencontrèrent en allant en sens contraires, s'y arrêtant réciproquement, s'y cimentèrent en s'y serrant entre ces deux forces contraires, et y formèrent la croûte de terre et les denses eaux des mers à la hauteur du centre où elles se balancèrent. Ce qui dut éclaircir l'air d'autour de cette croûte de terre pour y former son atmosphère, et éclaircir aussi celui qu'elle entourait ou recouvrait pour en former son feu central, que cette croûte de terre comprimait en le séparant de l'air libre. Cette compression du fluide feu central, en en modérant le mouvement, dut l'échauffer en le faisant fermenter pour se donner du mouvement en bouillonnant, surtout à son centre où n'y étant que pivotant, le fluide y dut arriver au degré le plus brûlant, qui irait diminuant graduellement en remontant jusqu'à la croûte de terre, où y ayant plus de mouvement, le tournant y étant le plus grand, la fermentation cause de sa chaleur ne se produisant qu'en raison du plus d'immobilité, doit être moins grande où le fluide y est le plus entraîné.

Ainsi, la force centripète qui attire l'air la nuit contre sa planète l'attire continuellement le jour et la nuit contre ses deux pôles vers le centre de son astre, mais cet air s'y trouvant arrêté par les eaux polaires qui ont plus de densité que cet air, celui-ci pressant davantage les eaux du pôle boréal que celles du pôle austral (ici je continue la formation de la planète Mercure par celle de la terre, toutes les planètes qui tournent sur elles-mêmes s'étant formées de la même manière), parce que les eaux du pôle boréal étant entourées de terres qui, les premières, se déposèrent autour de ce pôle, par la raison que bientôt j'expliquerai, ces eaux sont aussi contenues par le courant de l'Atlantique, dont les eaux, en y coulant constamment, forment une barrière qui retient les eaux du pôle comme les retiennent les côtes de terres qui les empêchent de reculer sous la pression de leur air ; ces eaux du pôle boréal ainsi entourées de barrières, l'air qui sans cesse les presse, attiré par la force centripète, dut et doit toujours forcer leurs parties les plus subtiles ou légères à s'exprimer vers l'intérieur de la terre pour y fermenter, et y produire, en l'alimentant sans cesse, son feu central vaporeux ; les eaux de ce pôle s'engouffrant sans cesse par leurs parties claires dans l'intérieur de la terre, sont alimentées par les eaux de toutes les mers qui, du pôle austral coulent continuellement par le canal Atlantique, au pôle boréal, et n'y en revenant guère ; les parties les plus matérialisées ou terrées des eaux de ce pôle surnageant à leur surface, à la pression faisant face, au lieu de se déposer comme aux autres surfaces à la profondeur où les appelait leur pesanteur, ces parties, au contraire, remontent à la sur-

face pour faire place aux parties claires qui iraient en descendant en s'en exprimant ; les parties matérialisées de ces eaux
polaires seraient repoussées, partant du pôle, contre les terres
qui entourent ces eaux polaires, par leur mouvement circulaire,
tournant en spirale des deux pôles à l'équateur en s'y développant contrairement ; les eaux denses du pôle boréal arrivant
contre les terres, ces terres les pressant en les arrêtant, en causent le glacement conjointement avec l'air sec du pôle qu'y attire
en descendant la force centripète ; cet air sec se mêlant aux
eaux en les pressant, en raffermit l'humidité en la pompant ; ce
qui rend la glace plus légère et plus volumineuse que l'eau qui
se serait glacée, et ce qui formerait les montagnes de glaces à
mesure que les lames qu'y laisseraient les marées qui viendraient
se heurter contre ces côtes terrestres qui les arrêteraient, ces
marées s'y élèveraient en y déposant leurs limons pendant leur
station perpendiculairement à la pente de ces côtes que l'air sec
glacerait en les pressant et s'y mêlant ; ce qui fait qu'ainsi
penchées ces montagnes de glaces, par la pesanteur qu'elles y
doivent acquérir en s'y élevant et y grossissant, s'en arrache-
raient quand, arrivant à une certaine hauteur, leur surplomb les
entraînerait dans l'élément duquel elles viendraient. L'humidité de l'air congélée en neige contient moins de matière et plus
de lumière ou de chaleur que l'eau congélée en glace, c'est pourquoi la neige est plus blanche et rend plus de chaleur quand elle
fond et moins de limon ; ce qui la rend plus propre à la végétation et à l'animation : car, fondue en eau, elle y produit des animalcules quand cette eau ne peut, comme dans les citernes, pénétrer en terre.

Ainsi, les eaux et l'air des zones polaires, et même des zones
tempérées quand elles sont dans leur hiver, ces eaux et cet air
doivent, par leur dessèchement, se glacer en se mêlant, car, l'air,
par sa grande sécheresse, pénétrant abondamment dans les eaux
aussi plus sèches dans la froide saison, attiré par la force centripète contre les eaux qu'en les pressant il dessèche en forçant
leur partie grasse à s'exprimer en descendant leur salaison par
sa lourdeur, doit aussi y descendre. Cet air, par sa grande froi-
deur, par l'absence de la chaleur, serait attiré par le foyer de
vapeurs que recouvre la croûte de terre ; cet air sec, en pompant
le reste d'humidité des eaux que sa pression peut atteindre, doit
causer leur glacement en les solidifiant en s'y mêlant ; ces deux
éléments s'absorbant avidement, font que l'on entend tinter le
bruit que leur prompte réunion produit par la contraction qui
les lie.

Mais, les glaces du pôle austral sont bien plus éloignées de ce
pôle que celles du pôle boréal, parce que les eaux du pôle austral communiquant au grand océan qui les entoure, sont bien

moins pressées par leur air en pouvant davantage en reculer ;
aussi ces eaux du pôle austral, au lieu de s'y engouffrer vers le
centre de la terre par leurs parties claires comme celles du pôle
boréal, y remonteraient en vapeurs du feu central, ce qui serait
cause que leur glacement s'opérerait beaucoup plus loin, n'y
rencontrant pas de terres pour les arrêter, et les eaux de ce pôle
toujours échauffées par les brûlantes vapeurs qui y remonteraient sans cesse du feu vaporeux de l'intérieur de la terre, ces
eaux ne peuvent donc se glacer sous la pression de leur air qu'où
leur chaleur toujours renouvelée du pôle y est assez diminuée ;
la pression de leur air y étant beaucoup moindre qu'au pôle boréal, ne peut, comme au pôle boréal, forcer leurs parties claires
à s'exprimer en descendant vers l'intérieur de la terre, parce que
les eaux de ce pôle peuvent en grande partie se soustraire à la
pression de leur air en pouvant couler abondamment dans le
grand océan sans y rencontrer de terre pour les arrêter, ce qui est
cause du plus d'aplatissement de ce pôle ; et, c'est le mouvement
contraire de ces eaux qui les éloigne du pôle qui leur fait attirer
dans leur courant les vapeurs du feu central en remontant ;
comme les eaux du pôle boréal, en s'engouffrant dans le feu central, y forment le courant qui y attire les eaux des océans.

Les terres qui entourent les eaux du pôle boréal ont dû être
les premières que les eaux déposèrent, parce que le renversement
de l'axe de rotation de la terre, par rapport à celui de son soleil,
au moment où la terre, en commençant à tourner, était encore
composée toute de fluidité, son axe de rotation par son renversement présentait carrément à son soleil son tropique du cancer ;
les premiers dépôts de terre ayant dû, par leur plus de pesanteur
que les eaux plus claires, couler vers le point le plus bas qui
était le tropique du cancer qui faisait face au soleil et qui s'y déroulait, et les eaux denses y attiraient pour former les marées solaires. Mais, comme un liquide en mouvement ne peut jamais
s'arrêter à l'endroit de la pente qui l'aurait attiré, ce liquide,
fouetté par celui qui le suit, devant toujours dépasser par son
élasticité le point attirant, serait arrivé jusqu'à l'endroit des terres
qui entourent les eaux du pôle boréal, où, son impulsion épuisée,
l'y fit stationner et y déposer ses parties les plus terrées qui sont
les atomes. Ce liquide élément retournant plus clair dans l'hémisphère austral au mouvement rétrograde du balancement de
la terre, qui amena graduellement l'autre tropique en face du
soleil, ce liquide n'y put plus rien déposer. Mais s'y rechargeant
de limons qui le rendirent plus pesant en s'y mêlant, il reprit
son élan vers le pôle boréal au mouvement rétrograde suivant,
pour encore y déposer ses limons pendant sa station où les premiers dépôts l'auraient arrêté, et pour continuer ainsi à y déposer
en y arrivant chargé de limons de l'autre hémisphère, et s'en

retourner plus clair, et y revenir plus épais à chaque mouvement rétrograde en avançant vers le Sud à chaque dépôt, jusqu'à ce que toutes les terres furent déposées.

Ce qui parle en faveur de mon idée, c'est que les continents finissent en pointes et en iles dans l'hémisphère sud, parce que à mesure que les eaux s'éclaircirent leurs dépôts tarirent.

Mais les dépôts de terre par les eaux des mers eurent lieu en même temps dans le sens du mouvement balançant par les marées solaires, et dans le sens du mouvement tournant par les marées lunaires qui vinrent plus tard que les solaires, la lune n'ayant été formée que quand la force centrifuge de la terre fut assez grande pour condenser au pourtour de son tourbillon le gros nuage dont la lune fut formée ; cette force centrifuge acquérant de plus en plus de vivacité à mesure que la croûte de terre, qui est sa roue de volée augmentait en épaisseur, et que plus d'aspérités s'en étaient élevées pour y former les volants qui repoussent l'air en l'air.

Mais, comme de moins en moins de terres durent se déposer à mesure que l'air et les eaux des mers s'éclaircissaient des limons qu'ils déposaient, le pourtour de la terre allant aussi s'élargissant de plus en plus en allant vers l'équateur, les dépôts de terre partant du tropique du cancer, se divisèrent en trois parties à peu près à égales distances autour de ce grand pourtour : car, les grandes iles de l'Australie se relient sous-marinement à l'Asie par les nombreuses et grandes îles de l'Océanie ; ainsi, l'intervalle qui sépare les deux continents est peuplé d'iles si nombreuses et ramassées sur une même ligne, qu'elles équivalent pour l'étendue et le poids à chacune des surfaces continentales de leur même latitude, ce qui établit l'uniformité des poids à même distance à ce pourtour le plus vibrant de la terre pour le faire tourner rondement ; car, ces poids divisés en trois, en ont toujours deux pour faire basculer le plus abaissé, et seraient, par conséquent, le nombre qui conviendrait le mieux au mouvement tournant. Les grandes iles furent déposées pour former le troisième poids où le mouvement tournant y développant le plus de pourtour, les marées qui les déposèrent durent s'y rencontrer en allant en sens contraires en partant chacune d'un continent contre les côtes desquels elles s'étaient élevées, et, en s'arrêtant réciproquement en plein Océan, elles s'y élevèrent pendant la durée de leur impulsion pour y déposer leur limon pendant leur longue station ; car, je suppose que les épaisses marées des premiers temps étant moins coulantes, étaient beaucoup plus longtemps à se retirer que maintenant où la croûte de terre entièrement déposée, est une roue de volée qui par son plus d'élan fait tourner plus vite la terre, et, par conséquent déplace plus vite le niveau des eaux selon la pesanteur

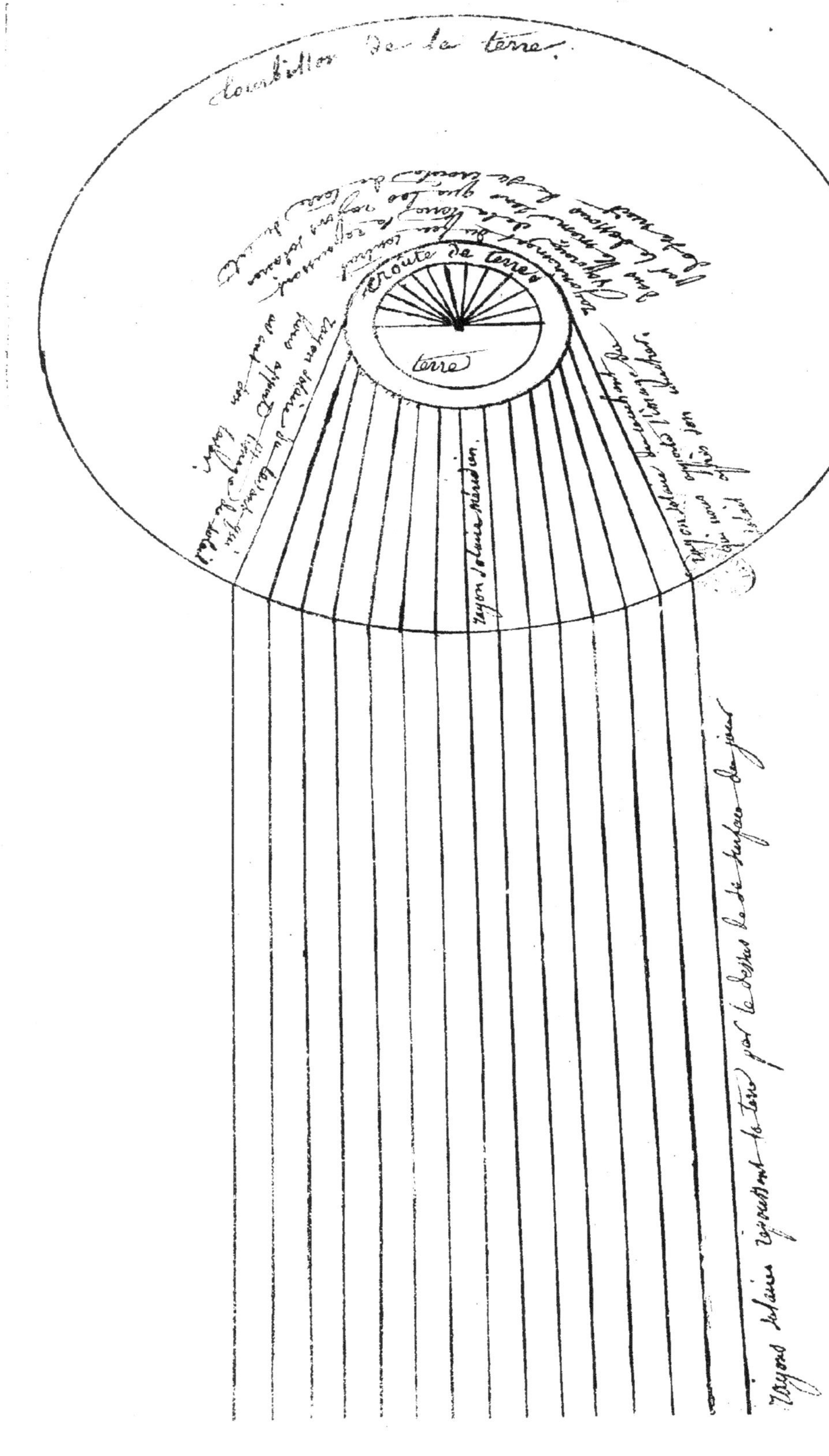

Tourbillon de la terre.
Croute de terre
terre
Rayon de lune-méridien.

qui les dirige vers le soleil, qui, reparaissant plus vite aujour-
d'hui, les eaux élevées y sont plus vite entraînées.

Les montagnes se formèrent des limons que les lames des marées y lancèrent en se heurtant contre leurs terres déja déposées ;
ces lames franchissant ces terres à mesure qu'elles dépassèrent le
niveau des eaux et y déposant en y retombant, y élevèrent toujours les monts au-dessus du niveau des eaux que les lames, qui
se succédèrent à chaque marée exhaussèrent par leurs dépôts
tant que dans leurs tourmentes qui amenaient les marées de plus
loin, leur impulsion durant alors plus longtemps, leurs eaux
s'élevant alors plus haut, purent aussi lancer leurs lames d'autant
plus haut que leur niveau était plus en pente à l'opposé des
monts. Ces lames étant des eaux des marées les parties les plus
pesantes, puisqu'elles prennent plus d'élan dans le mouvement,
furent aussi les plus déposantes.

L'énorme feu vaporeux que j'ai, non imaginé, mais découvert
par la force des faits existants, ce feu vivant, bouillonnant, au
lieu d'alourdir la terre, comme ferait un feu igné qui la rendrait
mille fois trop lourde pour être portée par son air, ce feu vaporeux, au contraire, la rendrait bien plus légère qu'elle n'est en la
repoussant par son brûlant rayonnement à l'opposé du soleil,
vers lequel elle tend ; car le feu ne lance pas son rayonnement
vers le feu, mais vers la plus froide matière que vers son centre
il doit attirer.

Ainsi le feu vaporeux de l'intérieur de la terre lancerait son
rayonnement sous la croûte de terre du côté de la nuit, en même
temps que le soleil lancerait son rayonnement sur la croûte de
terre du côté du jour ; ces deux rayonnements soutiendraient la
terre en la repoussant tous deux dans le sens contraire où elle
tend à tomber.

Un feu igné, par sa grande sécheresse, dessécherait la croûte de
terre, la rendrait en poussière, absorberait les eaux des mers qui
l'étoufferaient. Au lieu qu'un feu vaporeux relie sans cesse les
atomes composant la croûte de terre, et ses humides vapeurs
pénétrant aussi constamment les eaux des mers par leur fond,
en refluidilisent les limons que les eaux finiraient par déposer
et leur lumière s'évaporer dans l'air sans cette incessante refluidilisation par une humide vapeur qui, au lieu de les absorber,
comme ferait un feu igné, viendrait les alimenter. Cette refluidilisation est d'autant plus nécessaire que les eaux profondes
remuant peu à leur fond où la lumière solaire ne peut arriver,
ces eaux y déposeraient leurs limons qui, par leur pression, feraient remonter leur fluide fluidilisant, et les eaux arriveraient
au dessèchement comme elles y arrivent où elles ne peuvent
avoir ce renouvellement ; car, où les vapeurs du feu central n'y
peuvent arriver, et où elles sont sans mouvement, ces eaux dépo-

sant leurs limons, ceux-ci, en descendant à leur fond, forcent par leur pression, leur lumière à s'exprimer en remontant dans l'air, ce qui en cause le dessèchement, leur séparation ne se pouvant faire en mouvant parce qu'ils se mêlent constamment.

Pourquoi donc s'encroutiner depuis des siècles, dans une voie qui n'a conduit à rien en astronomie, à croire à des choses dont la raison voit l'impossibilité ? Est-ce qu'un ballon pourrait planer dans l'air si volume pour volume il était mille fois plus lourd ? Tous les faits de la nature sont produits par les causes les plus simples, et, c'est parce qu'on se les imagine inaccessibles à notre intelligence qu'on les suppose en dehors. Cherchons-les dans les choses possibles ou accessibles à notre entendement, et nous les y trouverons.

Le bouillant feu vaporeux dont la terre est animée, par sa grande attraction sur la froide lune, parce que la surface de cet astre est glacée, comme je le montrerai en parlant de sa formation. Cette attraction commune entre le feu vaporeux et la froide lune produirait les hautes mers terrestres par les énormes bouffées de chaudes vapeurs qui, remontant sous les eaux des mers les font gonfler de leur volume sous le passage de la lune ; car, sous les eaux profondes des grands océans, où les hautes mers se produisent, la croûte de terre y étant moins épaisse de la profondeur de ces eaux, les laisse passer plus abondamment et plus chaudes. Ces vapeurs traversent aussi la croûte de terre non recouverte par des mers, surtout par ses monts qui les attirent par leur plus grande vibration dans le mouvement de rotation ; ces vapeurs y ont ouvert des cratères par leur attraction sur la lune ou sur l'air glacial d'au-dessus de l'atmosphère, qui est la limite où ne peut remonter la chaleur solaire qui s'agglomère contre la surface de la terre ; les vapeurs souterraines causent les tremblements de terre où elles ne peuvent remonter aussi vite comme elles sont attirées, arrêtées contre des matières qui les forcent à s'y agglomérer, et où s'y comprimant, elles y atteignent un tel degré d'intensité, qu'elles dissolvent la matière qui les arrête en laves coulantes, et, s'y ouvrant un passage en les entraînant avec elles, s'y précipitent avec tant de furie par leur avidité de se mêler à l'air froid pour y confondre leurs degrés, que leur agglomération y aurait eu plus d'étendue ; et, par cette explosion, font trembler la croûte de terre, et parfois l'entr'ouvrent par leur grande attraction vers la lune ou vers l'air glacial d'au-dessus de l'atmosphère.

Les éruptions des volcans, qui sont les soupiraux nécessaires au feu central, et qu'il s'est lui-même ouverts pour y expirer son trop-plein de fumée, ces éruptions volcaniques sont aussi causées par les mêmes vapeurs qui seraient arrêtées au fond des cratères, soit par des éboulements de pierres ou par des courants d'eau souterrains qui boucheraient hermétiquement le passage à l'aspiration de l'air extérieur sur les vapeurs du feu intérieur, cette fumée, qui ne pourrait plus remonter par le cratère comme en temps ordinaire, finit aussi par acquérir, en s'y comprimant, un degré de chaleur suffisant pour fondre la matière qui l'arrête, qu'elle repousse en laves ou en eau bouillante par le cratère, tant que son passage n'est pas suffisamment ouvert.

Et qu'est-ce autre qu'un feu vaporeux pourrait produire ces phénomènes par son attraction sur la lune glacée ou sur l'air glacial ? Ce feu produisant aussi les magnifiques aurores boréales et australes par les deux pôles de la terre, parce que leurs eaux, dans un certain circuit, doivent directement communiquer avec le feu austral pour l'alimenter par le pôle boréal qui en aspire les parties claires, ce feu en expire la fumée par le pôle austral et par tous les cratères ouverts, ainsi que par les eaux des mers qu'elle fait gonfler de son volume sous la lune. Les eaux polaires, par leur transparence, doivent se laisser traverser par la brûlante lumière de ce feu, d'autant plus colorée de riches couleurs par les vapeurs dont elle s'exprime et par les eaux qu'elle traverse. L'expression de cette lumière s'opère par l'effet de plus fortes pressions des énormes bouillons qui s'agitent dans cette immense chaudière que recouvre la croûte de terre selon que la force centripète de la planète presserait en même temps plus fort les eaux des deux pôles ; cette pression simultanée comprimant davantage le feu central, lui ferait exprimer de sa brûlante lumière qui jaillirait dans l'air par les eaux polaires ; ce qui pourrait aussi produire en même temps des tremblements de terre, par la grande somme de vapeurs qui s'en exprimerait.

Il existe une attraction qui fait mouvoir tout l'Univers par la tendance qu'ont les fluides à se mêler pour égaliser leurs degrés comme ils étaient avant le temps ; et, c'est cette tendance qui perpétue leur mouvement, car, ne pouvant jamais se satisfaire, elle a toujours à recommencer Tous les astres qui tournent sur eux-mêmes, causant toujours une pression à leurs pôles par l'air qu'y attire leur force centripète, cette pression y produit la froidure par la condensation ; leur force centrifuge produirait le contraire à leur équateur par l'évaporation produite par les rayons solaires sur les humidités que la force centrifuge repousserait de terre, ce qui permet à la chaude lumière solaire de s'y agglomérer

Ainsi, ces deux degrés opposés de fluide tendant toujours à se mêler, et la rotation du globe les inégalisant toujours, leur tendance, cause de leurs mouvements, doit aussi exister toujours.

Ainsi, l'attraction existant continuellement entre les brûlantes vapeurs du feu central de la terre et la lune glacée, ces deux degrés opposés lançant continuellement leur rayonnement l'un vers l'autre ; les vapeurs du feu central attirées par la lune sous les eaux des mers qu'elles ne peuvent traverser par la transition qu'elles en doivent éprouver. mais pouvant les soulever, elles-les font gonfler de leur volume pour y former la haute mer. Car, d'imaginer que ce soit par son mouvement retardant de plus de 23 heures sur 24 sur la rotation de la terre que la lune aspirerait les eaux de ses mers. ce serait une grande erreur, puisque si cet astre avait une aspiration sur la terre assez forte pour en soulever de telles masses d'eau. elle nous en soulèverait nous-mêmes et encore bien d'autres corps ; mais, au contraire, au lieu de nous aspirer. nous sentons la pression de ses froids rayons contre la terre. car. leur attraction sur les vapeurs de son feu central ne pouvant se satisfaire, ils se pressent toujours contre terre et, cette pression y produit, même dans les jours d'été, une blanche rosée.

D'ailleurs, si l'aspiration de la lune soulevait réellement les eaux des mers, le vide qui se produirait sous ces eaux serait instantanément rempli par les eaux d'à côté dont le niveau en serait d'autant abaissé, et que les eaux élevées aussitôt renivelleraient, de sorte que les hautes mers qui se produisent sous la lune ne pourraient couler vers les côtes pour en refluer. puisqu'elles auraient constamment à reniveller les eaux d'à côté qui se seraient abaissées pour les élever.

Il en serait de même des hautes mers solaires si c'était aussi l'aspiration de cet astre qui dut les soulever sur place.

Les hautes mers lunaires se produisent en spirale autour de la terre d'un tropique à l'autre comme y va la lune par rapport au mouvement balançant de la terre sous cet astre comme sous le soleil ; les hautes mers solaires se produisent également en allant en spirale d'un tropique à l'autre. comme y va le soleil. Les marées lunaires agissent sur les eaux d'un hémisphère, tandis que les marées solaires agiraient sur les eaux de l'autre hémisphère, ce qui tiendrait à la fois toutes les eaux des mers en mouvement, les deux spirales se croisant à l'équateur en allant en sens contraires, partant chacune en même temps d'un tropique différent. Ces hautes mers se heurtant en se rencontrant à l'équateur quand les astres qui les causent y arrivent en même temps de côtés différents, ces hautes mers toujours composées des plus denses eaux des mers étant toujours les premières à prendre le devant dans chaque mouvement en y prenant plus d'élan ; ces hautes mers doublées au moment des équinoxes et surtout en nouvelle lune, ces hautes mers, en s'entrechoquant en allant en sens contraires. produisent les tourmentes marines les plus violentes et les plus dangereuses pour la navigation par un flux repoussé par un flux contraire, qui se répercute dans toute l'étendue des mers par rapport à l'élasticité de leurs eaux, ces flux

contraires se faisant tourbillonner réciproquement, engloutis-
sent les vaisseaux dans les gouffres qui se creusent au centre
de leurs tourbillons. Ces cataclismes marins sont nécessaires à
l'assainissement des eaux des mers, comme les tempêtes terrestres
à l'assainissement de l'air, surtout à l'équateur, où la plus intense
chaleur solaire y descendant toujours du foyer de cet astre, et
y remontant toujours du feu central de la terre, y décomposerait les eaux des mers du dessus et du dessous en même temps
en les subtilisant toujours, si les denses eaux des marées qui
viennent s'y mêler en y charriant ou entraînant les parties les
plus denses des eaux des deux hémisphères ne les en recouden-
saient.

Ainsi, les eaux des mers seraient aspirées froides en descendant par le pôle boréal pour alimenter et animer le feu central de
la terre qui les expirerait chaudes ou évaporées en remontant
par le pôle austral ; comme l'animal aspire l'air frais et l'expire
tiède après en avoir été aussi traversé pour ranimer sa chaleur
en la comprimant par la transition qu'il lui cause (Le vent que
chasse un soufflet sur un feu le ranime en augmentant sa chaleur en la comprimant. Aucun feu ne peut brûler sans la transition du vent), ce qui entretient chez lui le mouvement du sang
qui chasse par ses pressions ses sécrétions par tous les pores de
la chair et par les canaux plus ouverts, comme le feu central de
la terre les repousse par ses volcans qui sont les soupiraux plus
ouverts et par les pores de la croûte de terre ou chair, qui serait
le filtre, comme chez les animaux, qui séparerait les huiles ou
fiel qui s'exprimeraient des eaux chaudes du feu central qui sont
le sang de la terre, l'essence des huiles remontant toujours,
parce qu'elle s'exprime toujours, arrive à la surface végétale
qu'elle fertilise de son gras et spiritueux cordial l'aliment du
végétal : comme dans la peau de l'animal, elle y alimente son
poil ou ses plumes, et où, y fermentant, elle s'y transforme,
comme sur la terre, en animalcules vivants.

Les huiles qui s'agglomèrent dans la croûte de terre, viendraient
de la graisse des poissons morts dans les eaux des mers ; et,
comme successivement, toutes les eaux des mers doivent traverser le feu central, principalement par leur graisse, qui produit une plus chaude vapeur, cette graisse surnageant en écume
sous la croûte de terre, doit y pénétrer pompée par sa matière, et
y remonter par la force capillaire, qui est la force centrifuge, et
en dégoutter pour s'agglomérer dans les cavités qui peuvent
l'arrêter.

Les lunes, ou satellites des planètes, se sont aussi formées
chacune d'un nuage condensé au pourtour du tourbillon de leur
planète entre la pression du fluide repoussé par sa force centrifuge contre le fluide repoussé par celle de son soleil du côté où

leurs astres se regardent. Les planètes qui ont plusieurs lunes. chacune de ces lunes se serait formée entre les mêmes pressions d'un nuage condensé au pourtour du tourbillon de leur planète à la hauteur où ce pourtour était alors arrivé. Car, les tourbillons planétaires se sont agrandis, comme les tourbillons solaires, à mesure du grossissement de leur astre qui augmentait sa force centrifuge par la plus vive vibration de son pourtour plus grand qu'il déroulait en moins de temps encore ; cette plus grande force centrifuge atteignait de plus loin le fluide qu'elle mettait en mouvement autour de son astre où le nuage lunaire s'est condensé pour en former une lune ; et, quand ce nuage entraîné d'où il s'est formé par la rotation du tourbillon de sa planète arriva au pourtour de ce tourbillon opposé au soleil où la rotation des tourbillons solaire et planétaire y vont s'activant réciproquement en s'engrénant en allant du même sens ; mais le courant du tourbillon solaire allant beaucoup plus vite que celui du tourbillon de la terre, comme on peut se rendre compte de sa vitesse de rotation qui entraîne les planètes dans leur révolution autour de leur soleil ; le courant du tourbillon solaire activant de beaucoup celui du tourbillon de la terre par son côté opposé au soleil en l'engrénant en allant du même sens, tandis qu'il la ralentit par son côté tourné vers le soleil en le prenant en rebroussant ; le nuage lunaire arrivant par le côté du tourbillon de la terre opposé au soleil où le fluide dut aller beaucoup plus vite que ce nuage dont l'impulsion s'est ralentie à son passage du côté du soleil ; le fluide du tourbillon de la terre opposé au soleil dut alors pousser le nuage lunaire par son arrière en le refoulant vers son avant, et en former une demi sphère de la moitié du nuage en glaçant sa surface en l'arrondissant en forme de calotte en glissant tout autour également : et, ce nuage arrivant par le côté du tourbillon de la terre qui regarde le soleil avec une impulsion qui s'est activée du côté opposé, le nuage arrivant du côté du soleil avec une impulsion plus grande que celle du fluide de ce côté du tourbillon de la terre qui devait l'entraîner, ce nuage, au lieu alors d'être poussé par son arrière par ce fluide, ce fluide en allant moins vite, dut, le pressant par son avant en lui résistant, le refouler vers son arrière en en formant encore une demi sphère de l'autre moitié du nuage en coulant en glissant tout autour également ; glaçant aussi par sa pression cette surface ; ces deux demi-sphères naturellement se soudant par le glacement, formèrent une parfaite sphère telle qu'on la voit maintenant.

Les pressions qui glacèrent la surface de la lune forcèrent son fluide le plus subtil à s'exprimer à son intérieur, le plus matérialisé à la pression faisant face, se glaça à la surface, et les parties les plus lourdes de ce fluide plus dense durent, en y descendant, bosseler la surface tournée vers la terre où leur pesanteur les appelait, et se congéler sitôt qu'en entrant dans l'air glacial qui entourait l'astre qui venait de naître, cet air les glaça en s'y mêlant en les pressant tout autour également, comme fait l'air à l'eau qui, des toits, descend par un prompt dégel, cette eau en coule et se regèle en arrivant au bord du toit, où l'air encore sec et froid pressant chaque coulant tout autour également, les glace en y pénétrant, sa sécheresse les raffermissant en les pompant. Et, l'on sent bien qu'il a dû se former des bosses sur la vaste surface de la lune, grosse en proportion de son étendue et de toutes sortes de formes.

Ces montagnes de la lune sont seulement du côté de la terre où le fluide le plus lourd de l'astre dut couler par ce côté où l'astre pèse, et où la pression du fluide du tourbillon de la terre qu'y repoussait en montant la force centrifuge de cette dernière, y dut aussi presser davantage cette surface la plus basse de la lune. Ces montagnes seraient le lest qui l'empêchent de vaciller

Les nuages dont les lunes se formèrent, toujours entraînées autour de leur planète, par le fluide de son tourbillon, dans la même position par rapport à leur planète, parce que l'un de leurs côtés étant toujours le plus lourd, dut toujours se tourner du côté de sa planète vers laquelle le nuage pesait. Mais, les nuages lunaires tournant autour de leur planète en lui présentant toujours la même surface, ces nuages tournaient, avec leur planète, autour du soleil comme une volaille à la broche tourne en face d'un feu en lui présentant successivement toutes leurs surfaces qui, n'étant chauffées par les rayons solaires chacune que pendant quinze jours, et encore ne l'étant plus des trois quarts de ce temps que par des rayons y arrivant plus ou moins en biaisant, ce laps de temps trop court fut insuffisant pour évaporer l'humidité de la surface du nuage qui, au soleil, faisait face pour l'alléger, afin que la surface opposée puisse le faire basculer pour faire tourner le nuage : car, avant que l'eau bouille ; il faut faire longtemps bon feu dessous, mais, lorsqu'elle est au bouillon, un feu moyen l'y maintient, ce qui eut lieu pour les planètes, dont les nuages qui les formèrent présentèrent au soleil la même surface jusqu'à ce que les rayons de cet astre puissent y pénétrer pour en pouvoir évaporer de leur humidité, ce qui, en allégeant ce côté le plus bas, dut les faire tourner ; mais, une fois leur humidité pénétrée des rayons solaires, en s'y représentant chaque tour la moitié du temps, ces rayons en évaporèrent assez pour entretenir leur mouvement tournant.

Ainsi, la lune, comme la terre, étant en très grande partie composée d'un fluide subtil, ces astres ne sont, comme les ballons plus lourds que l'air qui les porte que de ce qu'il faut pour les y équilibrer en s'y appuyant assez ; car, l'air se traversant lui-même, mais ne pouvant traverser ces astres, ceux-ci, mieux palpés par leur air qu'il ne se palpe lui-même, ont besoin d'être plus lourds pour n'en être pas repoussés toujours en le chargeant de tout ce qu'il peut porter.

Les anneaux de Saturne ont dû aussi se former d'un nuage très condensé au pourtour du tourbillon de cet astre entre les mêmes pressions contraires dont se formèrent les nuages lunaires, mais qui, au lieu d'être successivement refoulé par chacun de ses deux bouts sur son centre pour s'arrondir en globe sphérique, ce nuage fut entraîné dans sa longueur par la rotation du tourbillon de Saturne qui l'allongea en l'amincissant par la double pression du fluide du tourbillon attiré de ses deux pôles vers son équateur par sa force centripète, où les pressions contraires de ces deux airs polaires serrant entr'elles ces anneaux, les amincirent en les condensant d'autant plus qu'ils étaient plus près de la planète où cette force est la plus grande, et parce que les parties les plus coulantes étant les plus pesantes, durent descendre plus bas que les plus légères qui, par leur plus de sécheresse, leurs atomes plus desséchés étant mieux palpés par la force centrifuge, cette force, qui va diminuant en s'éloignant de son astre, dut plus haut les repousser. Ainsi, les pressions contraires du fluide attiré par la force centripète des deux pôles du tourbillon de Saturne vers l'équateur de ce tourbillon, glacèrent les surfaces de l'anneau intermédiaire contre lesquelles ces pressions s'appuyèrent et givrèrent les surfaces de l'anneau supérieur, ce qui les rendit opaques, parce que l'anneau du milieu contenait assez d'humidité pour se glacer de l'air sec qui, en s'y mêlant, dut raffermir cette humidité en la pompant ; comme la farine boit l'eau qu'elle rend opaque en la renfermant dans ses pores ; l'anneau supérieur moins humide, ne peut que se givrer comme se givre l'air brouillardé, parce que son peu d'humidité ne pouvant autant cimenter les atomes de l'air sec qui le presse, n'en peut former qu'un givre ou neige légère, plus terne, moins luisant que la glace, parce que la lumière solaire, en pénétrant dans les anfractuosités de ce givre crénelé, le rend moins brillant que la glace qui, étant plus polie, réfracte mieux cette lumière qu'elle miroite en l'arrêtant comme fait le diamant. L'anneau inférieur étant composé d'un fluide trop humide, ce fluide ne put se glacer faute d'assez d'air sec pour le raffermir en le pompant. Aussi cet anneau est transparent et sombre, parce que les rayons solaires en y pouvant pénétrer, ne peuvent s'y agglomérer, par conséquent s'en réfracter ; ils ne peuvent donc le rendre opaque ni brillant comme les deux autres anneaux et la surface de la lune ; mais, en y pénétrant, les rayons solaires y tenant son fluide en mouvement en le traversant, ce qui empêche ses atomes de se coller en les divisant toujours de leur rayonnement qui, servant de conducteurs à nos rayons visuels, leur permettent de voir à travers ce qui luit derrière.

Les bandes longitudinales qui sillonnent à distances égales les surfaces des grosses planètes seraient des bandes de terre ferme séparées par des bandes de mer ; ces dernières nous paraissent plus sombres que les bandes de terre, parce que celles-ci arrêtent les rayons solaires, les forcent à s'y comprimer en les faisant s'y agglomérer, cette lumière doit les éclairer et s'en réfracter, tandis que les bandes de mer nous paraissent plus sombres, parce que leurs eaux absorbant les rayons solaires, ceux-ci ne pouvant s'y agglomérer et s'y comprimer ne les peuvent autant éclairer ; mais, ils tiennent les eaux fluidilisées en empêchant leurs atomes de se souder.

Les zones polaires de ces astres sont comme celles des autres planètes couvertes de mers plus sombres que les terres, parce que ces zones contiennent les eaux qui alimentent le feu central de leur planète par le pôle qui les aspire, et réalimentent les eaux de leurs mers par l'autre pôle qui les expire. Les bandes claires et sombres nous paraissent droites sur leurs bords, quoiqu'elles pourraient avoir des inégalités rentrantes et sortantes ; mais la vive rotation des surfaces de ces gros astres, celle de Jupiter parcourant dix mille lieues par heure dans leur mouvement tournant seulement, les parties de terre ou de mers qui dévieraient de la ligne droite sur les bords de ces bandes ne pourraient être aperçues, trop vivement remplacées pour nos rayons visuels par les parties ou plus claires ou plus sombres de la bande d'à-côté.

Mais, bien des nuages se formèrent dans les premiers temps qui furent les temps créants, au pourtour des tourbillons planétaires, où le fluide repoussé du foyer solaire en vapeur ou fumée fort matérialisé par les atomes qu'il contenait ; ces nuages s'étant aussi condensés entre les pressions contraires des forces centrifuges solaire et planétaire du côté où ces astres se regardent, sans pourtant en former de lunes ; parce que, à mesure que les eaux des planètes provenant des successifs déluges que causèrent ces successifs nuages qui formèrent les planètes des limons qu'ils y déposèrent, et qui, par leur pesanteur descendirent à leur fond, attirés par la force centripète, ces limons grossissaient leur planète, et que les rayons solaires en évaporant ces eaux en faisaient remonter dans l'air, par la force centrifuge de la planète, leurs parties les plus légères en agrandissaient d'autant le tourbillon, ce qui usait les eaux des mers en dessous par leur limon et en dessus par leur lumière ou air. Ces vapeurs remontant de terre dans son tourbillon, y causèrent des pressions par le gonflement qu'elles y produisirent, ces pressions ayant eu lieu au pourtour du tourbillon de la terre du côté du soleil, où la force centrifuge de cet astre repousse le fluide de son tourbillon contre

le fluide du tourbillon de la terre repoussé en sens contraire par
sa force centrifuge, leurs pressions y furent d'autant plus grandes
que leurs fluides dans leur mouvement tournant s'y prendraient
en rebroussant. Mais le fluide du tourbillon de la terre étant plus
clair de lumière du côté du soleil que du côté opposé, la rotation
de ce tourbillon n'y est pas autant ralentie qu'elle serait activée
du côté de sa nuit par le courant du tourbillon solaire qui le prend
dans son sens en l'engrénant, et, où le fluide du tourbillon de la
terre y étant plus condensé, doit aussi mieux s'élancer. C'est
pourquoi ce tourbillon, comme sa planète dans ce sens, doivent
tourner.

Le fluide du tourbillon de la terre pressant toujours le fluide
du tourbillon solaire du côté de cet astre, ce fluide alors encore
alimenté par les épaisses vapeurs repoussées du foyer solaire
tant que la primitive matière ne s'y fût divisée en atomes et en
lumière pour en former tous les astres du système solaire, et en
scories pour former le noyau de cet astre, le côté du pourtour du
tourbillon de la terre tourné du côté du soleil, ayant dû y arrêter
les parties les plus condensées des fluides des deux tourbillons
au point où leur rotation s'y prenant le plus en rebroussant, l'y
retiennent entre leurs courants contraires ; ce qui dut en former
de longs nuages condensés qui, arrivant à atteindre trop de pesanteur, tombèrent sur la terre, sa force centrifuge s'en trouvant
forcée, sa force centripète dut les attirer par son pôle boréal où
cette force est la plus grande par la plus grande résistance qu'elle
y doit éprouver, parce que ce pôle est plus élevé que ne doit
être la forme sphéroïdale de sa planète ; cette plus grande attraction polaire est nécessaire à l'alimentation du feu central par une
plus grande pression sur les eaux de ce pôle plus élevé pour forcer leurs parties claires à s'exprimer vers ce feu, tandis qu'au
pôle central, la force centripète aplatit davantage ce pôle sans
autant presser ses eaux, parce qu'elles peuvent s'y soustraire en
coulant tout autour librement dans le grand Océan ; la pression
sur ces eaux n'est pas assez grande pour forcer leurs parties à
s'exprimer en descendant, car, au contraire, les vapeurs du feu
central dégorgent en remontant par ce pôle pour rentrer dans les
océans

Ainsi, les nuages condensés qui tombèrent sur la terre en pluie
diluvienne pour la former des dépôts qu'ils y apportèrent, ces
nuages durent tomber sur son pôle boréal, où l'attraction y étant
la plus grande pour attirer l'air en descendant sur les eaux de ce
pôle, qu'il força par sa pression à s'engouffrer dans le feu central
pour l'alimenter, l'air du tourbillon et les eaux du pôle formant
un courant attirant en descendant, y attira les nuages. C'est
pourquoi les dépôts de terre se firent d'abord autour des eaux du
pôle boréal qui reçurent tous les déluges, et qui coulèrent vers

le sud à travers notre hémisphère. Les surfaces de terre élevées par les successifs dépôts des eaux à leur niveau et par les parties claires qui s'en évaporèrent pour former l'atmosphère, ces surfaces de terre nouvellement sorties du sein des eaux, encore amollies des humidités qui y étaient restées, se peuplèrent dans les rayons solaires d'abondants et de géants végétaux tant qu'elles furent limoneuses, parce que plus de vapeurs matérialisées durent y fermenter pour former ces végétaux alors peu sucrés. Mais, ces fertiles terres arrivant à un dessèchement d'autant plus grand qu'étant encore peu tassées, elles durent se crevasser de l'humidité de l'air, qui se desséchait comme elles durent en pomper. Les nuages qui se condensèrent au pourtour du tourbillon de la terre du côté de son soleil, ces nuages se trouvant moins repoussés par la force centrifuge de la surface de la terre, qui, étant encore peu bosselés, ses chaînes de montagnes encore peu élevées et peu nombreuses, ne donnaient à la terre que de petits et peu nombreux ventilateurs pour repousser le fluide de son tourbillon ; ces nuages n'étant pas assez soutenus par une force centrifuge assez grande, assez repoussante, cette force cédant sous leur poids, dut les laisser tomber sur sa planète pour en submerger les terres pour encore les surelever des limons qu'ils y déposèrent, enfouissant sous leurs dépôts les géants végétaux qui furent amollis par les vapeurs du feu central qu'ils attirèrent et qui les pénétrèrent, et raffermis par les dépôts qui les recouvrirent, ce qui dut former les veines de houille à différentes profondeurs, qui y marquent les différents déluges ; car, le végétal ayant été formé de chaleur et de la matière qui en fut évaporée, le végétal peut brûler, sa chaleur étouffée dans sa grasse sève, à l'état latent, peut s'y ranimer au contact d'un feu qui doit l'allumer. Mais, ce qui n'a ni vécu ni végété ne peut pas brûler, ne contenant pas de feu qui s'y puisse rallumer.

L'enfouissement des animaux n'eut pas lieu si profondément en terre que celui des végétaux ; car, les animaux ne durent naître qu'après les végétaux qui les nourrirent. Les animaux ne naquirent que quand l'air et les eaux furent arrivés à assez de pureté pour produire la vie vivante, qui se produisit, comme du reste la végétante, de plus en plus parfaite jusqu'à la vie pensante et parlante, ce qui ne put arriver pour produire cette dernière, que quand l'air et les eaux, à force de déposer de leur matière, devinrent assez transparants d'esprit lumineux. Ainsi, tant que le fluide du tourbillon de la terre fut trop limoneux, d'énormes nuages s'y formèrent et tombèrent sur la terre pour y déposer jusqu'à ce qu'ils l'eurent entièrement formée.

Car, de croire aux brusques bouleversements qui auraient pu remuer la solide croûte de la terre jusque dans ses fondements, ou de croire encore à la possibilité du renversement de son axe de rotation malgré la vive impulsion de cette rotation de la lourde croûte de la terre qui est sa roue de volée, qui déroule à l'équateur 360 lieues par heure, et qui y doit produire, dans l'air qui l'entoure, où sa vibration y a le plus de vigueur, une filière qui l'y maintiendrait d'autant plus que la grande pression des airs polaires contre leurs zones qu'ils aplatissent, l'empêcherait de vaciller. Ces brusques bouleversements sont si peu conformes à la parfaite construction, que ce serait offenser son auteur que de supposer son œuvre susceptible de ces mouvements destructeurs.

Si la croûte de terre avait été remuée, retournée par les cataclismes ou bouleversements comme on le prétend, d'où vient qu'on ne trouve des débris humains qu'à une faible profondeur en terre, et des débris d'animaux un peu plus avant, et de végétaux plus avant encore ? Si la croûte de terre avait subi les grands bouleversements que l'on suppose, ils auraient déplacé l'ordre des créations. Ainsi, on rencontrerait des débris d'animaux les plus parfaits en dessous de plus imparfaits ; de sorte que l'on trouverait des débris humains à plus de profondeur en terre si elle se fût retournée, et qu'on ne verrait pas une suite de productions de plus en plus parfaite de végétaux et d'animaux en remontant dans la croûte de terre.

Sans doute, il est arrivé de petites explosions, comparées à la grosseur de la terre, causées par l'agglomération des vapeurs remontant du feu central qui ont retourné de petites surfaces, telles que celles qui engloutirent Herculanum et Pompéï, mais ne se sont jamais plus étendues en largeur et en profondeur.

Les cataclismes d'eau qui, successivement, inondèrent la terre, n'en furent pas les destructeurs, mais les constructeurs. C'est le sang qui en forma la chair en y déposant sa matière, de laquelle se serait extrait, pour former son feu central et son atmosphère, l'esprit qui dut l'animer de son mouvement tournant ou vivant : comme celui qui forme la chair des végétaux et celle des animaux, car tout vient de l'eau, qui est le coulant véhicule qui transporte la matière partout où elle est nécessaire pour s'y transformer.

Mais, s'il n'y avait eu que les forces centrifuge et centripète pour former la croûte de terre, comme ces deux forces contraires ont dû la commencer, la première en repoussant du centre du globe fluide ses parties matérielles ; la seconde les attirant du pourtour vers le centre, ces parties commencèrent la croûte de terre en se soudant où elles se rencontrèrent, la surface de la terre aurait été de niveau et unie comme une glace, aucune bosse n'aurait pu s'en élever. Mais, les hautes mers produites par l'attraction du feu central de la terre sur la lune glacée, et celles produites par l'attraction ou la pesanteur solaire vers laquelle tend la terre, dont les eaux par leur fluide pesanteur en coulant naturellement du côté de ce foyer de chaleur, qui est le côté de la pente, ces eaux y produisent constamment une haute mer qui, comme la haute mer lunaire, qui est bien plus forte, forment des marées qui. de la pleine mer, doivent couler vers les terres déjà disposées qui durent les arrêter, même avant d'être arrivées au niveau d'eau, parce que le fond de terre qui était sous les eaux y allait en talusant en montant sur ce fond de terre qu'ainsi elles déposèrent en s'y élevant aussi en talusant, leur point le plus élevé étant toujours à leur avant, les eaux ayant alors de moins en moins de profondeur en allant vers les terres et recevant autant de chaleur solaire que les eaux les plus profondes de la même latitude, ces eaux contre les terres y étant toujours plus chaudes ou plus subtilisées de lumière solaire qu'elles avaient absorbées, ces eaux plus claires durent davantage attirer les eaux denses de la pleine mer qui s'y étaient élevées, parce qu'en allant de leur côté ces eaux denses y étaient de moins en moins pressées, y ayant à traverser des eaux de plus en plus tièdes, qui, s'évaporant plus abondamment, y abaissaient leur niveau d'autant ; les eaux denses de la pleine mer en arrivant contre les terres qui les arrêtent et s'y élevant au-dessus du niveau d'eau tant que leur impulsion fut supérieure à leur pesanteur, ces eaux, à chaque marée, exhaussèrent ces terres en leur faisant dépasser leur niveau des limons qu'elles y déposèrent, et retournant d'autant mieux vers la pleine mer qu'elles s'appuyaient sur un fond de terre dont la pente y ramenait. Et, à force de venir déposer jusqu'à la hauteur des lames qui s'élancèrent des marées par leurs chocs contre les terres, elles y formèrent des chaînes de montagnes qui, en se desséchant, se divisèrent en pics en se fendant, et qui forment des angles rentrants et sortants correspondants Car, à mesure que ces monts s'élevèrent, les eaux pouvant s'y élever plus haut, quand le vent des ouragans les y poussait, ces eaux, en s'y heurtant violemment en y arrivant, y lancèrent leurs lames selon que leur niveau était plus incliné ; car, il s'éleva d'autant plus haut contre les terres élevées que ces eaux des marées y arrivant de plus loin et plus impétueusement chaque fois que le vent de la tempête les y poussa, leur impulsion plus grande les força à s'élever tant que leur pesanteur en fut dominée.

Ainsi font les wagons qui, dans leur vive impulsion, gravitent sur ceux qui les arrêtent.

Les chaînes de monts furent élevées par les marées tant, que dans leurs plus grandes tourmentes, elles purent assez s'y élever pour y lancer leurs lames pour y déposer ; car, comme je l'ai dit, leurs lames étant des eaux des marées, leurs parties les plus denses sont celles qui s'en élèvent et doivent davantage déposer, comme les eaux des marées sont les plus denses des mers puisqu'elles prennent plus d'élan dans leurs mouvements, étant toujours à l'avant.

Les îles, que l'on doit considérer comme des chaines de montagnes qui, du fond des eaux se seraient élevées des dépôts de marées qui, y arrivant de côtés différents, s'y seraient élevées en s'y arrètant réciproquement et y auraient déposées pendant leur station.

Les îles sont les plus nombreuses et les plus grandes entre les deux continents par le côté où ils sont le plus écartés dans le grand Océan, où elles coupent la distance qui les sépare pour l'égalisement des poids, qui donneraient l'élan du mouvement tournant en se divisant en trois parties égales pour le poids et à égales distances autour de la zone de la terre la plus élevée, où le mouvement tournant y est le plus vibrant. Cette division de poids est celle qui convient le mieux à l'élan de la rotation en ce que, à chaque tiers de tour, deux poids se trouvent placés pour donner l'élan au mouvement tournant en faisant basculer le poids qui leur est opposé et qu'ils font monter.

Les montagnes des cordillières sont les plus hautes de la terre et les plus longues, surtout suivies des montagnes rocheuses ; cette longue et haute chaîne de montagnes a dû se former la première, parce que se trouvant placée en travers du mouvement tournant le plus vibrant par le plus grand pourtour qui s'y déroule chaque jour dans le plus grand des océans, alors que peu de terres étaient déposées seulement autour de la zone boréale ; et sous les plus chauds rayons solaires qui, en y subtilisant davantage les eaux et l'air dont ils comprimaient le mouvement où ils les traversaient plus perpendiculairement, y causèrent des calmes fermentants qui, les échauffant encore davantage, leur firent attirer les eaux et l'air plus denses des zones polaires, parce que en y allant ces eaux et cet air s'y trouvaient de moins en moins pressées par la force centripète et de plus en plus desserrées par la force centrifuge, ce qui y produisit et y produit encore en y arrivant de côtés différents les plus terribles ouragans en s'entrechoquant, et qui élevèrent d'autant plus les cordillières des dépôts des denses marées qui plus haut s'y élevèrent poussées par un plus grand vent, et aussi poussées plus longtemps par l'impulsion du parcours plus long qui les y amenait ; ces marées plus élevées, en frappant plus violemment contre ces monts géants, y lancèrent d'autant plus haut leurs lames que s'étant plus élevées contre ces monts, leur niveau s'y élevant rapidement en talusant, présentait aux lames qui s'en élançaient une raide inclinaison qui les faisait monter plus haut et y retomber pour y déposer, de sorte qu'elles les élevèrent tant qu'elles purent arriver à les surmonter.

Les montagnes se formèrent par la succession d'orageuses

marées qui lancèrent leurs lames d'autant plus condensées par
les pressions de l'air agité, et d'autant plus haut que leurs chocs
contre les monts en firent rejaillir leurs lames plus haut. Aussi, les
limons dont les monts se formèrent ayant été tassés par les vio·
lentes pressions des marées à mesure qu'elles les déposèrent,
qu'elles en auraient exprimé presque toute l'humidité, n'y en
ayant laissé que celle nécessaire à les cimenter. Aussi, ces limons
ainsi serrés et desséchés ont-ils la plus grande dureté, parce
qu'ils auraient été enduits par les violents frottements des eaux
qui les polirent en les rappuyant en tous sens par leurs oscillements à mesure qu'elles les déposèrent.

Les terres forment une barrière presque continue autour des
eaux du pôle boréal, qui n'est interrompue que par l'Atlantique
rétréci du Groenland qui en augmente la pression contre les eaux
du pôle en diminuant la largeur de ce courant ; car l'ancien continent touche presque au nouveau par la Sibérie qui n'en est
séparée que par l'étroit détroit de Béring, dont le rapide courant
contre les eaux du pôle les presserait plus encore que les immo-
biles terres , et du détroit de Béring qui sépare les continents
jusqu'au tropique du Capricorne; ces continents vont toujours
s'écartant en proportion que dans son mouvement tournant. le
pourtour du globe devient plus grand comme pour laisser entre
eux l'intervalle nécessaire à un troisième continent divisé en
grandes et petites îles océaniennes ou australiennes qui ont dû
se former à mesure que les continents se formèrent en allant
vers le sud, des marées qui revenant des côtes de chaque continent où elles s'étaient arrêtées, attirées par la raison que je viens
d'en donner, ces marées se rencontrant en plein océan, la pente
du fond des eaux qui doit être la plus profonde entre les deux
continents, le fond de terre y allant en talusant en montant vers
les continents. les eaux des marées en y descendant des deux
continents, s'y arrêtant réciproquement en s'y rencontrant,
durent s'y élever d'autant plus en se mêlant et qu'en proportion
que venant de plus loin, leur force d'impulsion s'appuyant sur
un plus long parcours, put aussi résister à un fardeau plus
lourd ; leurs marées en s'y élevant plus haut aussi, durent déposer, surtout par les lames qu'elles durent lancer quand elles
étaient tourmentées. Mais, quand une chaîne de montagnes se fût
assez élevée pour que les eaux des deux marées qui, de chaque
côté la déposèrent, ne pussent plus s'y rencontrer et s'y mêler,
ces eaux ne pouvant plus autant s'y élever que quand des deux
côtés leur double impulsion et leurs doubles eaux y devaient
contribuer en les faisant s'élever plus haut que ne pût faire la
montagne qui n'y ajoutait ni impulsion ni eau. alors les simples
marées s'élevant beaucoup moins haut, ne purent plus arriver à
déposer de chaque côté de la montagne qu'un peu plus haut que
le niveau d'eau.

Mais les barrières qu'élevèrent les eaux des marées dans les eaux des mers, ces longues barrières resserrant les eaux qui les séparaient de plus en plus entre elles à mesure qu'il s'en élevait, diminuèrent de plus en plus l'élévation des marées en raccourcissant entre elles leur trajet ; ces marées n'offrant plus au poids de leurs eaux qui dépassaient le niveau d'eau la même résistance par un parcours plus court pour les tenir élevées, ces marées arrivant plutôt à vaincre leur impulsion par une moindre élévation qui leur donnait moins de pesanteur, déposèrent aussi moins haut, de sorte que les eaux de plus en plus resserrées entre les barrières ou nervures de la croûte de terre qu'elles déposèrent, n'arrivèrent plus qu'à déposer des coteaux ; car, comme tous les ambryons, la terre dut commencer à se former par sa membrane intérieure qui recouvrit, mit à l'abri son feu vaporeux comme fait l'écaille d'un œuf, et sur laquelle aurait germé sa solide charpente osseuse qui maintient sa croûte de terre ou sa chair, en la harponnant en tous sens, en y serpentant pour la mieux relier, surtout contre les eaux des mers dans lesquelles elle pourrait s'écrouler.

Les chaînes de monts commencées par les dépôts des eaux d'un déluge attirant et arrêtant toujours les eaux d'un déluge nouveau, les eaux de déluge en déluge les élevèrent toujours plus haut ; car, ce ne furent que les eaux troubles des déluges des atomes qu'elles contenaient qui déposèrent les terres des limons que ces atomes y apportèrent.

Le mouvement tournant de la terre ayant sa plus grande vibration à l'équateur où plus de pourtour s'y déroule à chaque tour, cette grande force centrifuge y doit donc repousser de plus denses et plus abondantes vapeurs qu'aux autres surfaces en les repoussant sitôt arrivées au degré qu'elle peut repousser ; ces denses et abondantes vapeurs qui alimentent l'atmosphère pour y remplacer ce qui, en pluie, neige ou rosée, doit retomber ; ces denses et abondantes vapeurs qui s'élèvent des eaux des mers à l'équateur étant mieux palpées par la plus grande force centrifuge de ce grand pourtour, seraient entraînées par cette force dans le sens du mouvement tournant de la terre. Quand le soleil est arrivé en face d'un tropique de la terre où il s'arrête pour retourner faire face à l'autre tropique, cet astre ayant passé au-dessus des surfaces voisines du premier tropique du côté de l'équateur et y repassant en en revenant immédiatement, ces surfaces, dont le pourtour est moins grand que celui des surfaces équatoriales, ayant moins de vibration dans leur rotation, ne pouvant alors repousser dans leur air d'aussi denses vapeurs, doivent y produire un air d'autant plus rare de matière que les rayons solaires y tombent plus perpendiculairement en allant au tropique et en en revenant immédiatement ; car, ces rayons tra-

Tropique du Capricorne.

Cyclone

Ligne entre les courants contraires.

Orient   Equateur   Occident

Ligne entre les courants contraires.

Cyclone

Tropique du Cancer.

versant pendant plus longtemps perpendiculairement cet air
déjà rare en matière, le raréfient davantage encore en s'y mêlant
plus longtemps par l'effet du mouvement rétrograde qui présente
successivement deux fois ces mêmes surfaces à leur astre ; cet
air, par sa grande subtilité, échappant à la force centrifuge de ces
surfaces marines qui, par leur flexibilité, et étant unies, peuvent
d'autant moins le palper qu'elle tournent moins vite qu'à l'équateur. Les surfaces du tropique du cancer sont aussi en grande
partie couvertes de mers et de déserts qui longent ce tropique qui
traverse en plein le désert d'Arabie et l'immense Sahara ; ces
déserts unis comme les eaux des mers, entraînent en tournant
moins encore leur air qu'il ne peut remonter de ces sèches surfaces que l'air le plus rare de matière. Ainsi, cet air qui serait
l'air alizé, aurait l'air pour la terre d'aller à contre-sens de son
mouvement tournant, quoique restant stationnaire pour son
zénith, mais courant pour la terre de la vitesse de rotation de
cette dernière en reculant vers l'Occident, la terre tournant sous
cet air sans le pouvoir entraîner. A la partie de zone intertropicale où cet air subtil du tropique touche à l'air dense de l'équateur, où la rotation y ayant plus de vibration, doit y repousser
de plus denses et plus abondantes vapeurs en les entraînant dans
son sens ; ces deux airs de degrés divers en allant en sens contraires doivent y former des cyclones en se prenant en rebroussant, et se faire tourner réciproquement de droite à gauche dans
l'hémisphère austral, et de gauche à droite dans l'hémisphère
boréal.

Ainsi, parce que cet air stationnaire se décomposerait par
l'abondante lumière qui le désirerait, cet air est entraîné dans le
plus vibrant mouvement tourbillonnant par l'air plus dense d'à
côté sitôt qu'il ne peut plus remuer. Ce qui assainit cet air en
même temps que les eaux des mers qu'il entraîne dans son
mouvement tourbillonnant.

Les cyclones d'air sont une fidèle image de la formation de la
terre, car, leurs parties les plus subtiles prenant moins d'élan
dans leur mouvement tournant, occupent leur centre, y formant
par leur chaleur qui y fermente, faute d'assez de mouvement,
leur feu central, et leurs parties les plus denses sont repoussées
à leur pourtour par leur force centrifuge, parce qu'elle peut
mieux les palper ; ces parties s'élançant au pourtour, entourent
leur feu central, qu'elles compriment de leur air vif ; comme la
dense matière du fluide qui forma la terre fut repoussée par sa
force centrifuge pour former sa croûte de terre, ses parties les
plus légères restèrent à son centre pour former son feu central,
comprimée et animée par la croûte de terre qui l'entourait de
l'air, qu'en tournant, elle y produisait.

Les comètes furent les derniers astres qui se formèrent, car, ils ne durent se former que lorsque le tourbillon de leur soleil fut arrivé à sa plus grande étendue, que toute la matière dont se formèrent les astres de son système se fut envolée, évaporée de son foyer.

Les comètes se formèrent chacune comme les planètes et les lunes, d'un long nuage de la forme que ces comètes ont maintenant, qui se serait aussi condensé au pourtour du tourbillon de leur soleil, du côté du soleil universitaire, entre les pressions contraires des forces centrifuges de ces deux astres qui condensèrent le fluide du tourbillon solaire, toujours plus dense que le fluide du tourbillon universitaire à leur jonction entre leurs astres, où ces fluides s'y prenant en rebroussant dans leur mouvement tournant, y retenaient à mesure qu'elles y arrivaient les parties les plus denses du tourbillon solaire qui s'y étendirent horizontalement au soleil en s'y réunissant. Ces nuages trop éloignés de leur soleil, n'en purent être évaporés du côté de cet astre comme le furent les nuages dont les planètes se formèrent; le côté du nuage qui était le plus lourd se présentait aussi toujours au soleil; mais, à l'énorme distance qui l'en séparait, les rayons solaires perdant de leur intensité à mesure de leur éloignement de leur astre en s'étendant, se raréfiant à leurs dépens dans un espace allant s'élargissant en tous sens, ces rayons arrivaient aux nuages cométaires avec si peu de vigueur qu'ils n'en purent rien évaporer; ces nuages n'en pouvant être échauffés, se condensèrent de plus en plus entre les pressions contraires des forces centrifuges de leur soleil et du soleil universitaire, et finirent par atteindre un degré de pesanteur supérieur à la force centrifuge de leur soleil, qui, à cette immense distance, est aussi considérablement diminuée; ces nuages durent tomber, et, en tombant se renverser de leur position horizontale pour prendre la verticale en plongeant par leur bout le plus pesant vers leur soleil, y descendant par leur longueur; car, ce bout le plus pesant qui était avant leur chute vers le soleil à leur avant, où ils étaient entraînés horizontalement à cet astre par la rotation du fluide de son tourbillon, ce bout de leur avant dut se rapetisser en se resserrant, se condensant en se glaçant par la pression qu'il dut éprouver par leur vif élan dans leur chute vers leur soleil, en traversant perpendiculairement le courant du fluide du tourbillon solaire; ces denses nuages durent y glisser avec une telle rapidité, que leur bout de l'avant, déjà plus condensé que le reste du nuage, y éprouva une telle pression qu'il dut se glacer en forme de demi-sphère, le fluide traversé l'arrondissant en y glissant tout autour également, dut aussi givrer sa queue en la pressant.

Les comètes, toujours repoussées dans leur chute sur un côté du soleil par sa force centrifuge et ses rayons lumineux, ces

comètes ne peuvent jamais tomber sur cet astre, ces deux forces
leur feraient décrire une ellipse très-allongée dans leur révolution
autour du soleil qui en occuperait un foyer, car elles parcourent
un demi-tour autour de cet astre à une faible distance, comparée
à celle d'où elles viendraient ; ces comètes attirées par leur pesanteur vers leur soleil, et se trouvant repoussées vers un côté
du soleil par la force centrifuge de cet astre et ses rayons de
lumière qui, ne les laissant s'en approcher que jusqu'où leur
pesanteur se balance avec ces forces ; mais, elles s'en approchent
assez pour que ses chauds rayons puissent en dégeler, et en produire une abondante pluie qui rafraîchirait l'air trop desséché
qui entoure le soleil ; car les comètes rempliraient la même
fonction sur le feu solaire que l'arrosette du forgeron sur son feu
de charbon, qu'elle comprimerait par la transition que l'eau
qu'elle y aspergerait lui causerait en en arrêtant le mouvement
évaporant qui, en devenant trop grand, éteindrait le feu en
l'usant dans l'air chaud qui l'entoure et qui l'asphyxierait au
lieu de l'animer s'il était plus frais.

Les comètes augmentant la chaleur solaire, en la comprimant,
rendraient le vin meilleur et plus abondant. Les queues des
comètes, par leur flexibilité, comme un train de wagons qui
parcourt une ligne cintrée, ce train doit s'y courber selon qu'il
y tourne court, les queues des comètes doivent aussi se courber
selon que la ligne qu'elles parcourent dans leur ellipse serait
cintrée.

Ainsi, la chaleur solaire en s'exhalant dans l'air qui entoure
son astre, cette chaleur s'y épuisant au profit de l'air qu'elle
dessèche ne pourrait plus s'élancer en rayons intenses vers les
planètes pour les animer en s'y agglomérant, si les comètes
n'étaient attirées par l'air trop subtilisé qui entoure le soleil
pour comprimer par leur abondante pluie la chaleur de cet astre
dans son foyer ; car, cette chaleur comprimée ne devant plus
s'exhaler, mais s'exprimer de son foyer entre les pressions contraires des deux airs des zones polaires du tourbillon du soleil
qui en seraient les parties les plus froides que la force centripète
de l'astre attirerait, ces deux airs pressant entre eux les flammes
solaires en les resserrant par leur haut (ce qui leur fait projeter
une lumière zodiacale de la forme d'une lentille), et les comprimant par la transition qu'ils doivent leur causer, forceraient leur
plus subtile lumière, qui n'y a plus que faire, à s'en exprimer
en rayons comprimés par la même transition, ces rayons ne
s'arrêtant plus dans l'air qui entoure le soleil, doivent beaucoup
moins l'échauffer en le traversant vivement qu'en s'y répandant
lentement, et, traversant l'espace avec la plus grande vivacité par
leur attraction sur la matière planétaire dont ils doivent s'alimenter, ils animent celle de ces astres qui, en les arrêtant, les
forcent à s'y comprimer en s'agglomérant.

C'est ainsi que le feu vaporeux de l'intérieur de la terre est comprimé dans sa chaudière par la croûte de terre et les eaux polaires qui y descendent du pôle boréal pour l'animer et l'alimenter.

Les comètes les plus légères descendent moins vite dans le tourbillon solaire en forçant moins la force centrifuge de son astre et la poussée de ses rayons, et se rapprochent moins du soleil pour y verser leur pluie ; ces comètes doivent, en le contournant à plus de distance, y décrire une ellipse moins aplatie, soit une parabole ou hyperbole.

Les comètes s'allégeant de l'abondante pluie dont elles rafraîchissent l'air qui entoure leur soleil pour le rendre moins brûlant, moins sec, ces comètes qui forcèrent, étant chargées d'humidité, la force centrifuge solaire et la poussée de ses rayons de lumière jusqu'au point où elles s'approchent de cet astre, seraient repoussées par ces mêmes forces jusqu'au point d'où elles viendraient quand elles seraient déchargées par leur pluie.

Les comètes, en descendant vers leur soleil comme en en remontant, présentent toujours à cet astre leur noyau qui, incontestablement est leur partie la plus dense, et qui est à leur avant quand elles descendent vers leur soleil, et à leur arrière quand elles en remontent, ce qui prouve que le soleil, au centre de son système, y est au point le plus bas ; car, le soleil comme les planètes parce qu'ils tournent sur eux-mêmes, repoussant par leur surface hérissée de volants ou d'aspérités tout ce qui les entoure jusqu'à la limite où cette force centrifuge peut repousser. Ainsi, tout ce que ces astres repoussent ne doit-il pas tendre à y retomber ? Et que l'on dise après ces preuves évidentes, que l'Univers n'a pas de centre pour repousser la matière qui l'étoufferait, si, constamment, il ne la repoussait.

La flamme, qui est la plus subtile vapeur, s'élève plus vivement, plus intense et plus haut dans un air froid que dans un air chaud ; car, la transition qu'elle éprouve dans l'air froid la comprimant, la rend plus perçante en l'amincissant, par son bout l'aiguisant. Mais, plus les degrés sont semblables, moins ils doivent s'attirer en pouvant moins se donner ou se prendre. Deux rayons de lumière s'éteignent réciproquement en tombant sur un corps blanc y arrivant par des chemins différents, parce que, étant de leur couleur, ce corps n'ajoute rien à la leur, les deux rayons de lumière étant du même degré, ne se pouvant rien donner qu'ils n'aient ni rien prendre du corps blanc, meurent faute d'aliments ; car, rien dans la nature ne peut se conserver, s'il n'est alimenté.

C'est pourquoi le feu central de la terre ne pourrait l'animer s'il n'était alimenté par les eaux des mers, qui alimentent aussi l'air des vapeurs qui s'en élèvent ; et ces eaux sont alimentées par les choses qu'elles alimentent, aussi par les vapeurs qui y remontent du feu central et par les pluies, neige ou rosées qui y descendent de l'air.

Il n'est pas jusqu'à la plus dure matière de la croûte de terre qui ne soit alimentée, recimentée par les vapeurs du feu central qui doivent la traverser et qui s'imprègnent de son essence, qu'elles transportent dans les eaux ou dans l'air, selon qu'elles y doivent remonter.

Aucune impulsion ni aucun feu ne peuvent toujours durer s'ils ne sont renouvelés ou alimentés.

Ainsi, à mesure que les planètes se formèrent de la primitive matière qui s'évaporait du foyer de leur soleil, des décompositions des plantes qui y végétèrent et des animaux qui s'en engendrèrent, il se forma des gaz de ces grosses matières qui, par leur grande subtilité, furent toujours repoussés par la force centrifuge de l'équateur des planètes jusqu'à leurs pôles, comme les gaz sont repoussés par le courant des rivières sur leurs côtés où ils forment des marais qui nourrissent leurs végétaux de ces gaz. Les gaz repoussés de l'équateur des planètes qui est aussi le milieu de leur courant comme les pôles et les gaz sont repoussés, en sont les côtés, et où la pression perpendiculaire de l'air contre ces surfaces polaires l'en exprimant en remontant jusqu'au tourbillon solaire, où ces gaz alors se trouvant plus pesants que le fluide de ce tourbillon, tombent sur le soleil, attirés dans l'intérieur de cet astre par ses pôles par sa force centripète, sa force centrifuge les repoussant de cet intérieur par toutes les surfaces de l'astre où cette force domine, pour s'y allumer au feu qui y brûlerait par la primitive matière qui s'y diviserait, et le continuèrent quand seuls ils l'alimentèrent ; car les flammes du soleil ne doivent pas s'élever des pôles de cet astre où sa force centripète y attirant vers son intérieur, n'y peut repousser de gaz pour s'y enflammer ; cette force d'ailleurs y est assez grande pour les empêcher de s'y élever ; les flammes solaires doivent s'élever de plus en plus haut de la surface de cet astre en allant vers son équateur où plus de gaz y serait aussi repoussé de son intérieur par une force centrifuge plus grande.

La lumière zodiacale, qui ne peut venir que de celle qui s'exprime du feu solaire, cette lumière, qui a la forme d'une lentille, aurait la forme d'un globe si elle s'exprimait également de toutes les surfaces du soleil.

Car je suppose que les planètes les plus rapprochées du soleil seraient celles qui s'écarteraient le plus de l'aplomb de l'équateur de cet astre, d'où doit s'élancer sa plus intense chaleur par ses rayons de lumière, et les planètes les plus éloignées de cet astre feraient face à l'équateur du soleil, pour en recevoir les plus chauds rayons qui, par leur plus d'intensité, doivent plus loin la conserver. La brûlante lumière solaire qui anime ses planètes en pénétrant leur matière, n'a donc besoin que d'arriver dans le zodiaque où circulent les planètes pour leur communiquer son mouvement vivant.

Il y a des étoiles qui paraissent sous la forme d'un cercle, d'autres sous la forme d'un éventail, d'autres sous celle d'une ligne droite. Je crois expliquer ces différentes formes de lueurs d'étoiles par leurs différentes positions par rapport à la terre dans le grand tourbillon universitaire, ce qui prouverait encore plus évidemment que les flammes des soleils ne s'élèveraient de la surface de ces astres que par une certaine largeur autour de leur équateur, qui pourrait comprendre leur zone torride et une partie de leurs zones tempérées.

Ainsi, les étoiles en avançant dans leur révolution autour du soleil universitaire à différentes latitudes et à différentes longitudes dans son grand tourbillon, certaines de ces étoiles nous devraient donc présenter un de leurs pôles, ce qui nous ferait voir un cercle de feu autour de l'équateur de ces astres, car, par leur immense éloignement de notre terre, la réverbération de cette lumière sur le reste des surfaces de l'astre n'aurait plus assez d'intensité pour nous arriver, comme nous arrive celle de notre soleil, parce qu'il est infiniment plus rapproché de nous. Les étoiles qui nous présenteraient leur équateur en face, nous montreraient leur feu par une ligne droite en ne nous montrant qu'une lueur de même largeur, et celles qui nous présenteraient en face leur zone tempérée, nous montreraient leur feu en forme d'éventail ou de croissant.

Cette forme de lumière des étoiles n'est-elle pas une preuve que les flammes solaires ne s'élèvent des surfaces de leur astre que dans une certaine largeur de chaque côté de leur équateur.

Le noyau solaire composé de scories desséchées au plus haut degré, ces scories ne pouvant plus brûler, ni se geler, ni se souder faute d'humidité, ne peuvent avoir aucune influence sur les gaz qui doivent les traverser par les fissures qui doivent exister entre-elles, ces corps décharnés, sans attraction faute d'un fluide conducteur vers leur intérieur, ne peuvent absorber les gaz qui y sont attirés par la force centripète, mais par l'effet du courant qui s'y établit par la force centrifuge qui les repousse au-dehors du corps de l'astre.

Ainsi, l'élément vivant nous viendrait des catacombes de la mort de la matière dans laquelle ne peut plus pénétrer l'esprit animé. Car, les gaz attirés par les flammes qui s'élèvent des surfaces du soleil et repoussés de l'intérieur de l'astre par sa force centrifuge, aux endroits où ces gaz ne peuvent passer à travers les scories aussi vite comme ils seraient attirés et repoussés, ces gaz, comme les vapeurs du feu central de la terre, s'y agglomé-

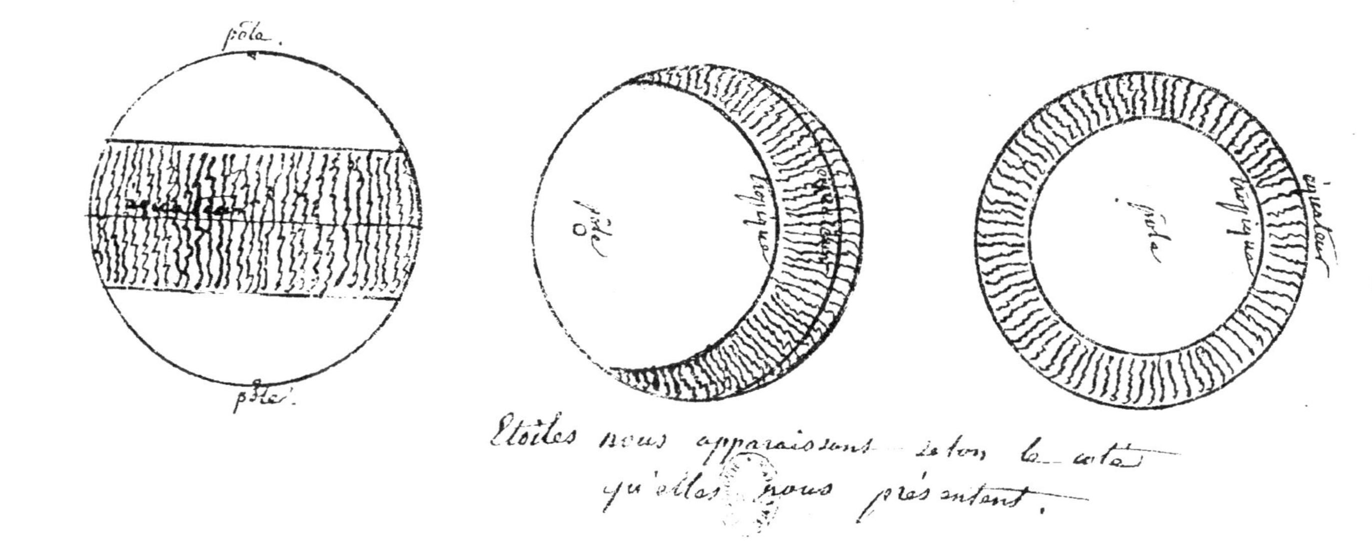

Etoiles nous apparaissant selon le côté
qu'elles nous présentent.

rant, leur attraction augmentant avec la difficulté qui s'y oppose, ces gaz faisant effort, s'ouvrent un passage à travers les scories, et sitôt une issue ouverte à leur aspiration vers les flammes so- laires, ils s'y précipitent par explosion pour s'y allumer en écar- tant les scories ou en les repoussant en montant ; ces scories alors retombant sur l'astre, feraient croire, en se répétant souvent, aux pluies d'astéroïdes sur le soleil ; car, ces scories pourraient être fort grosses et d'autant mieux aperçues à travers les blan- ches flammes que la suie des gaz les aurait noircies.

Les taches noires qui se produisent en changeant de forme et de place sur les surfaces du soleil, seraient causées par des sco- ries trop serrées à certains endroits qui, empêchant les gaz pen- dant un temps de les traverser, les flammes ne pourraient donc s'en élever.

Comment expliquer autrement ces taches qui se forment sur les points blancs et que ceux-ci remplacent quand elles s'ef- facent? A la distance où nous voyons ces taches, elles nous paraissent petites, quoiqu'elles pourraient être plus grandes que l'Europe.

Les explosions, depuis les plus petites jusqu'aux plus grandes, doivent continuellement se produire sur les surfaces du soleil par la facilité qu'ont les scories à se déplacer pour se serrer, se desserrer selon la nécessité.

La surface du soleil est criblée de points noirs plus ou moins grands séparés par des jets de flamme formant les points blancs ; si les flammes ne sortaient du corps de l'astre, toute sa surface aurait la même teinte ; car, je suppose que les points blancs sont plus nombreux et plus grands à l'équateur du soleil qu'à ses autres surfaces dont les polaires n'en auraient guère.

Un fait qui vient matériellement confirmer mon opinion sur l'alimentation solaire par les gaz qu'il attire de ses planètes, c'est la formidable éruption qui, au dire des savants qui l'ont aperçue, a eu lieu dans le soleil (voir le *Courrier de Saint-Quentin* du 22 décembre 1871.)

« Une énorme protubérance, que les admirables moyens d'in- vestigation de la science moderne ont fait connaître pour être composée de gaz hydrogène, a été soudainement écartée du soleil, et lancée à une hauteur de quinze mille milles au-dessus de la chromosphère, bien que restée en communication avec elle par quatre mêmes colonnes verticales.

Une demi-heure après, cette immense masse éclata par suite d'une incompréhensible secousse partie du bas, et, en dix minutes, l'espace au-dessus de la surface solaire, fut couvert de débris à la hauteur de plus de deux cent mille milles. »

N'est-ce pas la preuve la plus évidente en faveur de mon idée, que les gaz qui se forment aux planètes sont attirés par la force centripète de leur soleil par ses zones polaires où cette force domine, et où ils pénètrent à son intérieur, d'où sa force centrifuge doit les repousser par ses autres zones, surtout par son équateur, où sa force centrifuge y étant la plus grande, y repousse plus de gaz et plus haut qu'ailleurs en l'allumant et l'animant de son vent plus vibrant.

Ainsi, il doit arriver des pressions de gaz dans l'intérieur du soleil, surtout près de sa surface où l'attraction des flammes qui s'en élèvent doit davantage l'attirer ; comme il arrive des pressions de vapeurs dans l'intérieur de la croûte de terre contre des matières trop serrées ou trop fluides qui les arrêteraient, surtout près de sa surface, où l'attraction de la lune ou de l'air qui les attire y étant aussi la plus grande ; les gaz solaires seraient aussi arrêtés dans leur attraction vers les gaz qui brûlent, par la matière scoriée et divisée en parties plus ou moins grosses dont le globe solaire est composé ; cette matière pouvant se serrer et se desserrer selon que les pressions des gaz qui la traversent la forcent à se déplacer ; et, où cette matière se trouve trop serrée par les gaz qui remontèrent autour en s'y ouvrant des passages en y repoussant les scories, les gaz ne pouvant plus traverser cette matière trop serrée aussi vite comme leur attraction les attire vers les flammes qu'ils alimentent, ces gaz doivent, par une éruption, soulever les scories qui les arrêtent sitôt que l'air serait arrivé par les fissures d'entre les scories jusqu'au gaz qu'il doit faire gonfler du volume qui y peut pénétrer.

Ainsi, les gaz sous les taches solaires se pressant en s'y agglomérant, attirés par l'attraction des flammes qu'ils doivent alimenter, ces gaz ainsi attirés en dehors de l'astre, et en même temps repoussés de son intérieur par sa force centrifuge, ces gaz doivent fréquemment arriver à faire éruption dans l'air en s'ouvrant un passage ou cratère à travers la matière solaire qui, étant trop serrée par les pressions précédentes les tenaient emprisonnés ; ces gaz s'élançant par jets impétueux de plusieurs points à la fois d'une grande tache, l'air très-sec d'au-dessus de cette tache les y attirant, ces jets de gaz s'élèvent d'autant plus haut que s'étant plus agglomérés sous la tache, leur attraction sur l'air sec serait grande en proportion ; car, ces jets de gaz s'élevant de toute la masse renfermée dans l'intérieur de l'astre par de larges surfaces obscures, d'où les flammes ne s'élevant plus ne peuvent allumer les gaz qui en remontent, qui ne sont allumés que lorsque les flammes d'alentour attirées par cet aliment doivent l'allumer en le léchant en s'y rabattant: Alors une formidable explosion se produit par le bas qui fait remonter plus haut encore les gaz agglomérés au-dessous des taches en y entraînant les scories qui formaient ces taches ; et ce sont ces masses de matières scoriées repoussées du corps de l'astre, surtout de sa surface, qui obscurciraient l'air, et que les rayons solaires et la force centrifuge du soleil maintiendraient en l'air pendant un certain temps.

Les brûlants rayons solaires, par la transition qu'ils doivent éprouver en arrivant perpendiculairement dans les eaux des mers des pays les plus chauds des astres planétaires, où ils sont attirés par les mouvements de ces astres et par leurs humidités, comme la foudre se précipite sur les objets qui remuent ; ces rayons, en pénétrant dans les eaux des mers, en causent le calme où, les traversant perpendiculairement, ils en arrêtent le mouvement ; ces rayons s'y contractant par la transition qu'ils y éprouvent, doivent s'y transformer en salaison qui se cristallise quand l'eau qui y est mêlée peut s'en évaporer, car le sel, par sa lourdeur, ne peut s'envoler, la force centrifuge ne le pouvant repousser. Cette salaison qui se produit, surtout à la surface des eaux des mers des pays les plus chauds, se mêlant à toutes leurs eaux, principalement où ces mêmes rayons par leur grande intensité les décomposeraient en les évaporant continuellement s'ils ne s'y transformaient en l'agent conservant ; car, où les eaux ont peu de profondeur, comme contre les continents et les îles, plus de rayons solaires les pénétrant proportionnellement à leur volume, y causeraient aussi plus de décomposition par plus d'évaporation ; comme moins l'eau a de profondeur, plus d'air glacial y pénétrant aussi proportionnellement à leur volume, y cause un plus prompt et plus dur glacement.

Ainsi, les eaux profondes et d'une grande étendue ne peuvent se glacer, parce que la pression de l'air glacial ne se pouvant répercuter jusqu'à leur fond ni jusqu'aux côtes qui les bordent, ces eaux pouvant s'y soustraire en coulant, ne peuvent arriver au glacement.

Les chauds courants de Gulf-Stream se forment contre les rivages longeant les continents, où les eaux y étant moins profondes qu'en plein océan, et y recevant autant de chaleur solaire que les eaux dont le fond serait beaucoup plus profond ; ce même volume de chaleur solaire en se mêlant à moins de profondeur d'eau, doit davantage les chauffer ; ces chauds courants se dirigent, par leur plus de lourdeur, vers les pôles de la terre qui sont, par rapport au soleil, ses parties les plus basses, attirés aussi par l'aspiration des glaces polaires causée par leur contraction qui attire vers leur intérieur pour en empêcher la propagation, qui envahirait une plus grande partie de mers si ces chauds courants ne s'y opposaient en refluidifisant, et l'autre partie des mers bouillirait et s'évaporerait des brûlants rayons solaires qui constamment y descendraient de l'air, et des brûlantes vapeurs qui y remontent toujours du feu intérieur, si ces chaleurs ne s'exprimaient en gaz dans l'air, et ne coulaient vers les pôles en chauds courants qui enlèvent aux eaux des mers leur chaleur par leur salaison. Car, toutes les eaux des mers doivent alternativement passer par le feu central par le pôle boréal, ces eaux en y bouillant du feu le plus ardent, surtout au centre où le sel des eaux par son poids descend ; ces eaux doivent s'y dessaler, l'excès d'intensité de la chaleur qui les vaporise doit les reconstituer, l'eau forte du feu central dissolvant leur sel.

La chaleur solaire, par sa grande sécheresse, formant toujours du sel à la surface des eaux des mers en s'y contractant ; si ce sel ne se redécomposait dans l'intense et pénétrante vaporeuse chaleur du feu central des planètes, leurs eaux en deviendraient si épaisses qu'elles ne pourraient plus couler en arrivant toutes à se cristalliser, puisque la chaleur solaire devrait infailliblement arriver à absorber toute leur humidité. C'est pourquoi le sel se refluidilise à l'humidité que sa chaleur doit absorber, et se recristallise à la sécheresse qui repompe cette humidité.

Les chauds courants, par leur grande salaison, étant des eaux les plus pesantes, ces eaux doivent naturellement couler vers les pôles qui sont les parties les plus basses de la terre, car ils correspondent à son centre par rapport à la pesanteur solaire ; car, si la terre cessait de tourner, ses eaux sur son axe de rotation devraient se niveler comme elles l'étaient quand elles formaient le nuage dont la terre s'est formée avant que ses forces centrifuge et centripète ne l'aient sphéroïdée.

Ainsi, les vapeurs du feu central remontant dans la croûte de terre et s'y condensant, y produisent des courants d'eau claire qui ne sont pas salés ; les vapeurs remontant aussi sous les eaux des mers qu'elles font gonfler de leur volume sous la lune, et dégorgeant aussi par le pôle austral, ces eaux évaporées se recondensant sous la pression de l'air polaire, rentreraient dans les océans et viendraient s'y ressaler où les rayons solaires y ont assez d'intensité.

J'ai lu dans le journal *le Peuple Souverain* du 17 août 1873, que des tremblements de terre se seraient succédé contre leur ordinaire dans les montagnes du Puy et celles du Vivarais depuis quelque temps. Les habitants de ces contrées appellent l'attention des géologues sur ces phénomènes pour en découvrir la cause, qui, d'après mon système, ne peut être que celle que je vais donner, et qui viendrait encore l'appuyer.

Les premiers monts qui s'élevèrent au-dessus du niveau des eaux furent les premiers volcans ou soupiraux par lesquels s'exhalèrent les vapeurs du feu central arrivant sous les eaux des mers qu'elles ne pouvaient traverser, parce que les eaux n'étant pas poreuses comme les terres, aucun courant d'air ne peut attirer les vapeurs à travers, ces vapeurs durent couler sous les eaux des mers vers les terres les plus élevées, les monts qui les attirèrent par leur plus de vibration dans le mouvement de rotation, pour s'y ouvrir des cratères pour y remonter par leur attraction sur la lune ou vers l'air glacial d'au-dessus de l'atmosphère.

Mais, quand les terres qui se déposèrent entre les chaînes de montagnes dépassèrent le niveau d'eau, ces terres permettant alors aux vapeurs du feu central de les traverser pour satisfaire leur attraction sur l'air, des volcans durent s'éteindre, n'étant plus assez alimentés par les vapeurs qui remontaient par ces terres communiquant à l'air ; car, s'il n'arrive plus assez de vapeurs à ces anciens volcans pour les rouvrir en s'y agglomérant quand ils sont obstrués par des éboulements ou des eaux qui en inondent le fond, ne s'y produisant plus d'éruptions, ces cratères de plus en plus se rebouchent par les successifs éboulements qu'y amène infailliblement le temps : alors d'autres cratères durent s'ouvrir dans les monts plus rapprochés des mers ou élevés dans les mers pour les remplacer, et successivement en avançant vers le Sud où les dépôts de terre gagnèrent et s'y épuisèrent par des îles qui s'élevèrent du sein des mers. L'amincissement des continents par le Sud en prouve aussi l'épuisement.

Ainsi, la plupart, si ce n'est tous les volcans fonctionnant, furent toujours sur les bords en plein océan où plus de vapeurs du feu intérieur durent y arriver du dessous des eaux dont ils étaient entourés pour y remonter.

Ainsi, aux cratères bouchés depuis trop longtemps, et se trouvant trop éloignés des mers, et surtout des grandes mers, n'y pouvant plus arriver que les vapeurs remontant du feu central sous ces monts un peu plus qu'il en remonte sous toutes les autres terres, parce que par leur plus de vibration dans le mouvement de rotation causée par leur plus d'élévation, ces monts doivent davantage en attirer ; mais, les cratères ouverts suffisant à l'aspiration des vapeurs remontant sous toutes les eaux des mers, le peu de vapeurs qui arrive sous les cratères bouchés depuis longtemps, n'y peut plus causer que de petits oscillements.

Le corps savant est divisé en deux camps sur l'existense ou la non existence d'un feu central terrestre : l'un d'eux, selon la Bible, croit à un feu central igné; l'autre, selon la chimie, n'admet pas de feu central, au moins à l'état permanent. Les deux écoles adverses, dit Thomas Grimm, ne raisonnent que sur des hypothèses; ni l'une ni l'autre n'ont vu soit le feu central, soit l'opération chimique

Ainsi, les chimistes niant l'existence d'un feu central à l'état permanent, attribueraient les tremblements de terre et les éruptions volcaniques à des gaz qui se formeraient en terre, des eaux qui s'y décomposeraient, ou du mélange de ces eaux avec les métaux alcalins.

Mais, dis-je, pourquoi ces éruptions et ces tremblements de terre n'auraient-ils pas lieu en plein continent, comme ils ont lieu sur leurs bords et sur les petites terres environnées de mers ; car, il y a des métaux et des eaux dans la croûte de terre en plein continent comme sur leurs bords ou dans les îles.

Les eaux circulent dans la croûte de terre, et n'y peuvent stationner, l'aplomb de la pesanteur vers le soleil changeant continuellement pour elles comme pour les eaux de la surface ; ces eaux de l'intérieur de la croûte de terre comme celles de sa surface, doivent, par l'effet du mouvement tournant en balançant, tenir les eaux et l'air en mouvement en changeant continuellement pour ces fluides l'aplomb de leur pesanteur vers le soleil ; les eaux de l'intérieur de la terre ainsi remuées ne peuvent se décomposer pour y former des gaz, car, tout fluide qui coule ne se corrompt pas : les feuilles des plantes se trouvent dans la croûte de terre telles qu'elles étaient, pétrifiées dans les pierres après que les eaux d'un déluge les submergèrent, et de leurs dépôts composèrent ces pierres dans lesquelles les feuilles se moulèrent. La pétrification aurait raffermi tous les fluides existants en terre sans l'incessante refluidilisation des vapeurs qui y remontent du feu vaporeux de l'intérieur pour les alimenter et empêcher le dessèchement des pierres qui tomberaient en poussière sans cette réhumectation.

Les transformations ne se produisent en terre que par l'agglomération des chaudes vapeurs qui, en se comprimant contre les corps qui les arrêtent, les décomposent en les fondant, quelle que soit leur dureté, parce que ces vapeurs comprimées ont les deux qualités pour mieux diviser, chaleur et liquidité ; cette dernière étant le conducteur qui fait pénétrer la chaleur ; car, pour la transmutation des métaux, il faut toute la puissance d'intensité de vaporeuse chaleur que peut acquérir l'énorme feu vaporeux que comprime la croûte de terre qui l'entoure ; car, ce feu par sa vaste étendue pouvant fournir sur un point une chaleur indéfinie, cette chaleur s'y comprimant aussi indéfiniment, y doit pouvoir acquérir un degré d'intensité suffisant pour fondre, dissoudre la matière qui l'arrête, quelle que soit sa dureté, et en former des métaux de sa partie la plus pesante, sa partie la plus légère en écume s'en exprimant en y surnageant, en purifie le métal en proportion du plus d'intensité de la chaleur qui, la pénétrant plus intimement, l'en extrait plus abondamment. La matière métallisée doit en coulant se diviser en millions de globules qui se répandent dans les anfractuosités qu'ils doivent rencontrer, et s'y raffermir en se refroidissant par la contraction que leur cause la transition.

La chaleur atmosphérique venant du soleil, ne peut jamais atteindre le degré d'intensité de celle du feu central, parce que cette chaleur solaire qui vient frapper contre terre, cette chaleur n'y frappant que la moitié du temps, ne peut non plus se comprimer autant, surtout dans un air illimité, que la chaleur du feu central recouverte par la croûte de terre et les eaux des mers qui lui servent de chaudière ou de creuset, et qui ne lui laissent expirer de sa chaleur que ce qu'il faut pour qu'elle n'en soit pas étouffée ; ce qui ne peut jamais arriver, car, sitôt qu'il lui manque un courant d'air pour en pouvoir expirer, elle s'ouvre un cratère ou entr'ouvre la croûte de terre pour s'en donner, rien ne pouvant lui résister.

J'ai dit et je le répète, qu'aucun feu ni aucune impulsion ne peuvent se continuer s'ils ne sont alimentés ou renouvelés. Ainsi, le feu central de la terre que j'ai découvert et non imaginé, les faits existants me l'ayant montré, ce feu s'alimentant sans cesse des eaux des mers qui y coulent, et qu'il réalimente en leur rendant en vapeurs ce qu'il en absorbe en eau. Ce feu toujours alimenté produit toujours de brûlantes vapeurs que la lune glacée et l'air glacial d'au-dessus de l'atmosphère doivent constamment attirer comme la terre attire les rayons solaires ; ces vapeurs traversant constamment la croûte de terre qui porte les eaux de mers au-dessus desquelles la lune passe, ces vapeurs y produisent les hautes mers du volume qui doit les soulever du dessous plus haut que leur vrai niveau par leur force irrésistible causée par leur attraction sur la lune glacée. Ces vapeurs traversent aussi les terres en contact avec l'air par les mêmes attractions qu'aide la force centrifuge en les repoussant de leur foyer en montant, ces vapeurs y ont ouvert les cratères des volcans par les terres les plus élevées qui les ont davantage attirées pour les soupirer par leur plus grande vibration dans la rotation qui les leur fait cracher comme à toutes les cheminées.

Mais, quand ces vapeurs rencontrent en terre de trop fermes matières ou des liquides qu'elles ne peuvent traverser aussi vite comme elles sont attirées par la lune ou l'air glacial, et repoussées par la force centrifuge, ces vapeurs s'agglomérant contre ces obstacles et s'y comprimant, dissolvent les matières si elles sont solides ou les évaporent si elles sont liquides pour les pouvoir traverser en les entraînant avec elles, et c'est la vive éruption de ces matières qu'entraînent les vapeurs en travers de la croûte de terre sitôt une issue ouverte qui la font trembler parfois sur une étendue se répercutant à plus de deux cents lieues. Est-ce qu'un feu igné ou un feu partiel dans l'intérieur de la terre que l'on croit tout rempli d'une solide matière, produirait jamais un pareil effet? D'ailleurs, encore une fois, si, comme un ballon, la terre n'était creuse, elle serait mille fois trop lourde pour l'air qui l'entoure, car elle traverserait cet air du côté du soleil pour tomber sur cet astre où sa pesanteur l'appelle ou l'attire. L'air qui entoure la terre laisse tomber sur elle l'atome le plus léger ; comment voudrait-on qu'il la porte si elle était, volume pour volume près de mille fois plus lourde que cet atome ?

Ainsi, le feu central vaporeux toujours alimenté par les eaux de l'Atlantique, ce feu produit toujours des vapeurs qui font mouvoir les eaux en exhaussant leur niveau qui les fait couler pour se conserver en empêchant leur matière de se déposer ; ces vapeurs font trembler la croûte de terre où sa matière y est trop serrée pour y causer des cassures ou fissures qui tiendront leur passage ouvert ; car, il vaut mieux de petits tremblements que de grands bouleversements qui se produiraient infailliblement si les petits ne les empêchaient. Comme il vaut mieux subir les orages qui purifient l'air de ses gaz délétères en les brûlant que de respirer ces gaz asphyxiants, qui fertilisent la terre en s'y répandant en éclairs.

Ainsi, si la science géologique est encore si peu fondée sur l'existence d'un feu central terrestre qu'on puisse encore en douter, car, ceux qui y croient ne s'appuyent sur aucun fait matériel qui, seuls peuvent en prouver l'existence, et ceux qui le nient n'ont pas de plus solides raisons dans leur négation. Est-ce que ces sciences contradictoires peuvent soutenir la concurrence avec celle que j'avance appuyée par tous les faits matériels dont on a l'incontestable connaissance ?

POURQUOI LE SOLEIL & LA LUNE
PASSENT EN SE CROISANT D'AU-DESSUS D'UN TROPIQUE A L'AUTRE DE LA TERRE ALTERNATIVEMENT.

Le tourbillon de la terre, comme tous les autres tourbillons planétaires, est d'autant plus aplati à ses pôles par sa force centripète et renflé à son équateur par sa force centrifuge que le fluide de ce tourbillon étant plus subtilisé, obéissant davantage à ces deux forces contraires, en serait plus attiré à ses pôles par sa force centripète et plus repoussé à son équateur par sa force centrifuge ; ce qui donnerait à ce tourbillon la forme d'une lentille si le courant du tourbillon solaire qui l'entraîne dans son mouvement circulaire ne lui donnait une forme elliptique en l'aplatissant sur sa largeur par son avant et par son arrière en le pressant entre son courant, ce qui l'allonge vers le soleil ; ce tourbillon enserré sur sa largeur entre le courant du tourbillon solaire, et aussi enserré sur son épaisseur entre les lames latitudinales de ce courant formées par la vibration de la rotation des surfaces du soleil, qui repoussent les lames de ce fluide en les entraînant chacune dans la direction de leur rotation, qui doivent, de toutes les surfaces de l'astre, suivre la direction de celles de son équateur, qui, étant lancées avec plus de vigueur, s'éloignent plus loin de l'astre et y entraînent ses planètes dans la largeur du zodiaque; ce qui prouve toujours l'existence des tourbillons. Ainsi, les lames ou feuillets horizontaux du courant du fluide du tourbillon solaire, produites par la rotation de chaque surface du soleil, ces lames maintiennent entre elles toujours en ligne droite vers le soleil le tourbillon de la terre par son épaisseur et sur sa longueur, ce tourbillon ainsi enserré sur deux sens, comme la girouette l'est par le courant de l'air, ne doit en pouvoir dévier, parce que le courant du tourbillon solaire est invariable. La lune toujours repoussée et entraînée au pourtour le plus élevé, qui est l'équateur du tourbillon de la terre, par la force centrifuge des surfaces intertropicales de cette dernière qui alternativement passent sous la lune ; cette lune toujours entraînée dans le courant du tourbillon de la terre fixé entre les lames invariables du tourbillon solaire, la terre balançant de la largeur de sa zone torride sous ce courant invariable pour le soleil comme elle balance pour cet astre de la largeur de la même zone intertropicale, la terre par ce mouvement que n'exécute pas son tourbillon, ni par conséquent sa lune, qui est toujours entraînée dans la même filière du pourtour du tourbillon de la terre, cette lune invariable comme le tourbillon de la terre, ne doit-elle pas successivement passer au-dessus de toutes les surfaces intertropicales de la terre qui se déroulent sous la lune qu'elle doit, par conséquent, parcourir par une spirale qui se déroule en biaisant vers la droite, partant du tropique du cancer pour aller au tropique du capricorne, et les reparcourir au mouvement rétrograde par une autre spirale qui se développe vers la gauche partant du tropique du capricorne pour aller au tropique du cancer. Les mêmes surfaces correspondantes de l'autre hémisphère se déroulent aussi alternativement en face du soleil comme si cet astre tournait autour.

La terre dans sa révolution autour de son soleil, tourne en même temps sur elle-même dans une position inclinée par ses pôles qui changent constamment de direction par rapport à son soleil selon le côté de cet astre en face duquel arrive la terre : Mais, cette inclinaison ne change pas par rapport à la terre ni par rapport aux étoiles, car, la terre ne tournant pas autour de ces étoiles comme autour de son soleil, la terre est toujours pour chacune des étoiles dans la même position d'inclinaison.

Ainsi, la terre dans sa révolution autour de son soleil, présente alternativement en face de cet astre carrément chacune de ses surfaces intertropicales du tropique du cancer au tropique du capricorne, et de ce dernier tropique au tropique du cancer, et pour toujours recommencer ; car, comme on le voit sur le plan suivant, quand la terre est au bas de ce plan, elle présente carrément à son soleil son tropique du capricorne, et, quand elle ar.. ve sur le côté du soleil à la hauteur de cet astre, soit d'un côté ou de l'autre, elle lui présente carrément son équateur, et en arrivant au haut du plan, elle lui présente son tropique du cancer aussi carrément.

Ainsi, la terre, en parcourant son orbe autour du soleil, présenterait à cet astre alternativement toutes ses surfaces intertropicales pendant le cours d'une demi révolution , pour les lui présenter en rétrogradant pendant le cours de l'autre demi révolution.

Mais, s'il n'y avait que le mouvement balançant de la terre par rapport à son tourbillon et à son soleil, le soleil, la lune et la terre seraient toujours en conjonction à chaque nouvelle et pleine lune, de sorte qu'il y aurait des éclipses de soleil à chaque nouvelle lune et des éclipses de lune à chaque pleine lune. Mais. la terre doit descendre dans son tourbillon quand elle se rapproche de son soleil, et y remonter quand elle s'éloigne de cet astre, parce que son tourbillon, par son énorme grosseur et par la grande légèreté du fluide dont il est composé, comparés aux mêmes qualités de la terre qui est bien plus dense et bien plus petite, ce tourbillon planétaire ne peut opérer ces mouvements descendants et remontants dans le tourbillon solaire aussi vite comme la terre les opère dans le sien, ce qui doit rendre aussi ce dernier tourbillon de forme elliptique, car, le mouvement de son fluide causé par la vibration de la rotation de la surface bosselée de la terre, ce mouvement que lui communique la planète sur plus de longueur en allant alternativement d'un foyer à l'autre de son tourbillon, ce mouvement ne peut s'arrêter quand la planète s'éloigne de l'un des bouts de son tourbillon où l'impulsion lui a été communiquée par la rotation de la terre, mais il doit graduellement diminuer de vitesse à mesure que la planète s'en éloigne, et graduellement augmenter à mesure qu'elle s'en rapproche, et, si cette diminution et cette accélération du mouvement de ce fluide existent, ce que la lune peut nous dire en allant moins vite à son apogée de la terre et plus vite à son périgée, pourrait-on douter que ce soit par les causes que je viens d'en donner ?

Partant du solstice d'été, la terre descend dans son tourbillon en se rapprochant du soleil ; par ce mouvement rétrograde, elle doit présenter à cet astre de plus en plus de surfaces marines ; les rayons solaires qui soutiennent la terre en la repoussant de la somme qui s'y agglomère quand ils arrivent contre les terres où ils ne peuvent pénétrer, ces rayons, au contraire, lorsqu'ils

Si la terre, qui est au bas de ce plan où elle est arrivée à son solstice d'hiver, présente carrément à son soleil son tropique du Capricorne lorsqu'elle est arrivée, dans sa même inclinaison de son axe de rotation par rapport à toutes les autres étoiles, à son équinoxe à la hauteur de son soleil par rapport à ce plan ne présentera-t-elle pas son équateur en face du soleil? Et, lorsque dans sa révolution autour de cet astre elle arrive au haut de ce plan, ou par le côté opposé de cet astre, dans sa même inclinaison à son solstice d'été, ne doit-elle pas présenter son tropique du Cancer carrément au soleil?

Terre.
Tropique du Capricorne
Équateur
Tropique du Cancer

Soleil.

Terre.
Tropique du Capricorne
Équateur
Tropique du Cancer

Terre.
Tropique du Capricorne
Équateur
Tropique du Cancer

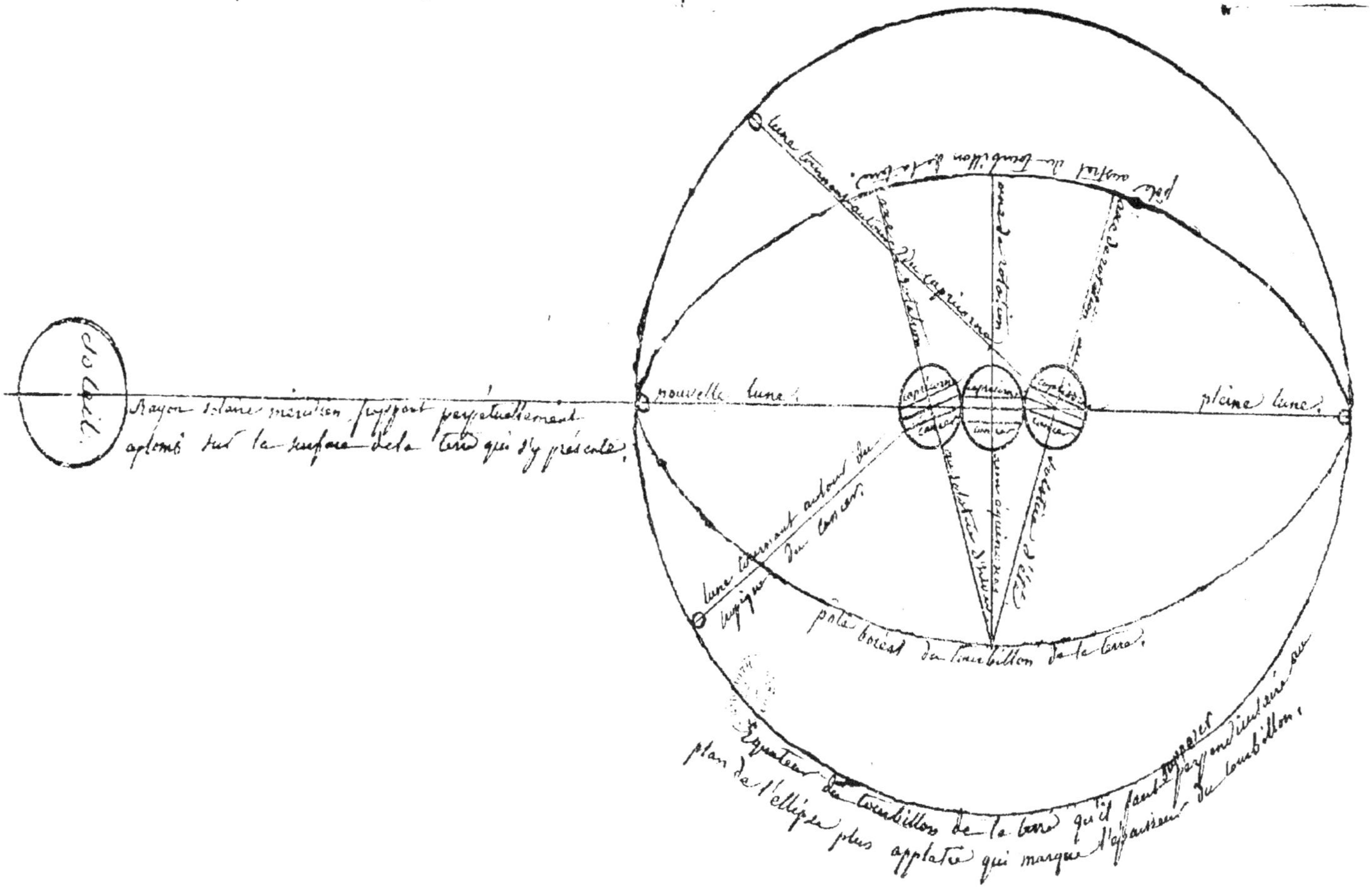

solstice d'été

son équinoxes

au solstice d'hiver

pleine lune

nouvelle lune

axe de rotation

pôle

pôle boréal

équateur

plan de l'ellipse

soleil

arrivent contre les eaux des mers, s'y enfonçant de plus en plus à mesure que plus de mers s'y présentent, ces rayons ne pouvant s'agglomérer au-dessus des eaux comme au-dessous des terres, laissent descendre la terre vers son soleil de tout ce que les eaux en peuvent absorber ; au mouvement rétrograde, au solstice d'hiver, de plus en plus de surfaces de terre se présentant carrément au soleil, les rayons de cet astre de plus en plus s'y agglomérant en y arrivant plus perpendiculairement, font remonter la terre de la somme de rayons qui, n'y pouvant pénétrer, doivent s'y agglomérer.

Mais, quand la terre vers son soleil descend en partant de l'équinoxe où elle est arrivée dans la ligne équinoxiale, la terre en descendant vers son soleil en tournant sur elle-même, et y descendant plus vite que le fluide composant son tourbillon. la terre en tournant, doit rouler. par sa surface tournée vers le soleil, sur ce fluide ou cet air en l'engrenant par ses aspérités en la pressant, ce qui doit la faire s'écarter de la ligne équinoxiale en avançant graduellement dans son tourbillon vers l'orient de la marche de ce tourbillon jusq l'au solstice d'hiver ; au mouvement rétrograde vers le solstice d'été. la terre remontant alors dans son tourbillon à l'opposé de son soleil aussi plus vite que le fluide composant son tourbillon, la terre se pressant, par sa surface de la nuit opposée au soleil contre l'air de son tourbillon qui remonte moins vite qu'elle. la terre y roulant également en s'y engrenant par ses aspérités e 1 sens contraire qu'en descendant vers le soleil, cet air qu'elle engrène lui faisant résistance, la ramène dans la ligne équinoxiale au moment de l'équinoxe, et, continuant de la pousser dans le même sans par sa résistance, la fait s'écarter de cette ligne en avançant dans son tourbillon vers l'occident de sa marche jusqu'au solstice d'hiver.

Ainsi, quand la terre descend vers son soleil, elle exerce une pression en tournant en descendant contre le fluide de son tourbillon ; cette pression lui faisant engrener ce fluide, ce fluide qu'elle engrène en tournant en y roulant. la force à s'avancer vers l'orient de sa marche par la résistance qu'il lui oppose à mesure qu'elle descend ; la même chose se produisant contrairement quand, s'éloignant de son soleil. la terre remonte en tournant sur elle-même dans son tourbillon où y pressant aussi le fluide en l'engrenant par sa surface opposée au soleil, ce fluide engrené par les aspérités de la terre, la force aussi à s'avancer par sa résistance vers l'occident de sa marche. De sorte que, partant du solstice d'hiver où la terre est à l'orient de la ligne équinoxiale, elle se porte graduellement à l'occident de cette ligne jusqu'au solstice d'été, pour revenir par un mouvement rétrograde, à l'orient de cette ligne au solstice d'hiver, et pour toujours recommencer. Ces écartement de la terre de la ligne équinoxiale pendant six mois vers l'orient, et vers l'occident pendant les six mois suivants, sont cause que les éclipses de soleil et de lune n'ont pas lieu à toutes les nouvelles et pleines lunes, ou sont partielles ou totales selon qu'au moment des nouvelles et pleines lunes la terre est plus ou moins rapprochée de la ligne équinoxiale

Les éclipses sont fréquentes (cinq à six par semaine), entre les astres du domaine de la planète Jupiter, parce que l'axe de rotation de cet astre n'étant pas incliné à celui du soleil, Jupiter n'ayant pas par conséquent de mouvement balançant par rapport à son tourbillon ni par rapport à son soleil, les lunes de Jupiter passant toujours au-dessus de l'équateur de cet astre sont toujours en conjonction à chaque nouvelle ou pleine lune avec leur planète et leur soleil et souvent les lunes entr'elles avec le soleil.

Ainsi, la terre avance dans son tourbillon vers l'avant de sa projection quand, descendant vers son soleil, elle s'appuie de plus en plus sur le fluide de son tourbillon par sa surface du jour ; et, en s'y appuyant, elle y avance en l'engrenant de ses aspérités par son mouvement tournant ; et de la même manière, elle avance dans son tourbillon vers l'arrière de sa projection quand, remontant dans ce tourbillon en s'éloignant de son soleil, elle s'appuie par sa surface de la nuit sur le fluide de ce tourbillon à l'opposé du soleil. Et, ce sont ces pressions de la terre contre son atmosphère qui la condensent en nuages en l'y divisant, en forçant de sa lumière, qui aurait évaporé sa matière pour pouvoir remonter de terre, à s'en exprimer du côté opposé de la terre où elle presse moins son air, ce qui rend cet air encore plus subtilisé ; les nuages qui se forment de l'air pressé par la terre devenant trop pesants pour la force centrifuge de cette dernière, cette force les lui réabandonne condensés après les en avoir repoussés évaporés.

Ainsi, la terre pressant de moins en moins son air par son côté opposé à celui où elle avance, soit en y descendant vers le soleil, ou en y remontant à l'opposé de cet astre, elle raréfierait cet air en l'allongeant à ses dépens, le vide ne se pouvant faire, l'air s'étend à mesure que plus d'espace lui est laissé, ce qui permet à la lumière solaire d'y pouvoir pénétrer ; cette moindre pression de l'air par la terre par le côté opposé à celui où elle avance dans son tourbillon, soit en y descendant en biaisant vers l'Orient, ou en y remontant en biaisant vers l'Occident, cet air raréfié par le mouvement de la terre, et surtout subtilisé aux surfaces tropicales du côté de l'équateur par les rayons solaires qui s'agglomèrent d'autant plus abondamment contre ces surfaces tropicales en y frappant perpendiculairement en y allant et en revenant immédiatement, cet air, par son extrême légèreté, échappant à la force centrifuge de la terre qui ne le peut palper, parce qu'il ne peut

Tourbillon de la terre.

Orient ou avant de la marche du tourbillon de la lune.

La terre à son solstice d'été.

La terre à ses équinoxes,

La terre à son solstice d'hiver

terre pôle

terre pôle

terre pôle

vents alisés

vents alisés

Tourbillon de la lune

Occident ou arrière de la marche du tourbillon

ligne équinoxiale.

côté du soleil

s'élancer, cet air doit rester stationnaire pour son zénith, et par conséquent aller aussi vite vers l'Occident, quoique ne bougeant, comme les surfaces de la terre passent sous cet air en allant vers l'Orient par leur mouvement tournant.

Cet air alizé étant vivement entraîné en rebroussant par l'air plus condensé, plus chargé de vapeurs du côté de l'équateur, où la force centrifuge y étant plus grande doit les repousser plus denses en les repoussant sitôt arrivées au degré que, selon la zone, cette force peut repousser; ces deux airs allant en sens contraires, car, l'air dense de l'équateur est entraîné par la rotation des surfaces de la terre, sa force centrifuge pouvant le palper, cet air dense enroulant l'air subtilisé qui irait pour la terre à contre-sens. ces deux airs aux degrés divers, doivent ensemble en tourbillonnant, former des cyclones qui doivent tourner de droite à gauche dans l'hémisphère austral, et de gauche à droite dans l'hémisphère boréal.

Au moment où la terre déroule son tropique du cancer en face de son soleil, comme on le voit par le haut du premier et du second plan de cet article, et son tropique du capricorne en face de sa lune qui passe toujours par l'équateur du tourbillon de la terre, et que, par rapport à son soleil, par un mouvement rétrograde, l'axe de rotation de la terre s'incline graduellement par son pôle austral vers son soleil, toutes les surfaces intertropicales de la terre se déroulant alors successivement en face du soleil par une spirale jusqu'au tropique du capricorne, la terre en ce moment ne doit-elle pas dérouler en face de sa lune, qui tournait alors autour du tropique du capricorne, toutes ses surfaces intertropicales par une spirale se déroulant en sens contraire jusqu'au tropique du cancer ; parce que le fluide du tourbillon de la terre étant toujours plus dense à l'opposé du soleil que du côté de cet astre, où ses rayons de lumière en y pénétrant le rendent plus subtil, plus clair, plus rare de matière ; l'équateur du tourbillon de la terre comme celui de tous les tourbillons, étant composé du fluide le plus dense de tout le tourbillon qu'il doit attirer par sa plus grande vibration surtout du côté du tourbillon opposé au soleil ; ce fluide plus matérialisé prenant plus d'élan dans son mouvement de rotation, doit y attirer la lune qu'il doit aussi mieux palper pour l'y entraîner.

La terre, par son continuel déplacement dans son tourbillon, cause les apogées et les périgées lunaires en s'en écartant et en s'en rapprochant ; ces apogées, ces périgées font continuellement le tour de la terre en sens contraire de son mouvement tournant, parce que la révolution de la lune autour de la terre retarde de 29 jours sur la rotation de la terre ; et, s'il y a plus d'apogées et périgées que de nouvelles et pleines lunes, c'est parce que la lune, dans son mouvement avançant, va au-devant de ces choses qui vont reculant.

LA CAUSE DE L'AVANCE & DU RETARD DU MÉRIDIEN

L'avance et le retard du méridien sont causés parce que la terre, dans sa révolution autour de son soleil, parcourt un orbe elliptique et excentrique dont le soleil occupe l'un des foyers. Ainsi, la terre où elle y tourne plus court doit présenter chaque jour plus tard la même surface au centre du soleil, ce qui fait que le méridien retarde ; au contraire où la terre y parcourt une ligne plus droite, présentant alors chaque jour la même surface au centre du soleil, le méridien avance sur une horloge bien réglée ; car, l'heure y est calculée sur la moyenne entre les heures méridiennes allongées par le retard et celles raccourcies par l'avance ; au contraire, où la terre y parcourt plus longtemps une ligne plus droite, présentant alors chaque jour plutôt la même surface au centre du soleil, le méridien avance. car, plus la route parcourue par la terre serait courbée, plus le méridien devrait retarder, parce qu'il faut que la terre, dans chaque tour qu'elle exécute sur elle-même par rapport à une étoile autre que son soleil, tourne encore en plus du cintre qu'elle parcourt pour amener la même surface en face du centre du soleil ; car, il est certain que la terre fait un tour de rotation de plus sur elle-même dans le parcours de son orbe elliptique que si le pourtour de cet orbe se développait en ligne droite, car, il faut que le tour de ce pourtour produise un tour de plus à la terre dans sa révolution autour de son soleil.

Ainsi, le méridien avance de 16' 14" le 1er novembre, parce que la terre vient de parcourir depuis le 16 juillet, où le méridien retarde de 4' 6", l'une des lignes les moins courbées de son orbe ; mais, partant du 1er novembre la terre ayant à parcourir l'une des lignes les plus cintrées de son orbe pour arriver au 10 février, le méridien y perdant son avance. arrive d'accord le 23 décembre pour retarder de 14' 40" le 10 février ; partant de cette date, la terre parcourant encore l'un des plus droits côtés de son orbe elliptique, le méridien y regagnant son retard, arrive d'accord le 15 avril, pour avancer de 4' 3" le 16 mai, d'où la terre devant encore parcourir l'une des lignes les plus courbes de son orbe, le méridien y perdant sa petite avance, arrive d'accord le 15 juin pour retarder de 4' 6" le 16 juillet, d'où regagant graduellement son retard, la terre parcourant alors encore l'une des lignes les plus droites de son orbe, le méridien arrive d'accord le 31 août pour avancer de 16' 14" le 1er novembre.

Ainsi, du 1er novembre au 10 février, le méridien varie de 31' 54".

Les accords du méridien ont lieu entre les avances et les retards dans la proportion de leur différence combinée au plus ou moins de courbure du segment de l'orbe parcourue entre l'avance et l'accord et entre cet accord et le retard, Ainsi, l'avance au 1er novembre étant plus grande d'un quinzième que le retard du 10 février, et les courbures des deux segments parcourus étant égales, l'accord n'arrive que le 23 décembre, deux jours plus tard que le milieu de l'intervalle entre l'avance et le retard, qui serait le 21 décembre, qui est le point le plus courbé du segment de l'orbe compris entre le 1er novembre et le 10 février; ces deux jours représentant le quinzième de différence de jours entre le retard et l'avance. L'accord du 15 juin est au milieu de l'intervalle entre l'avance du 16 mai et le retard du 16 juillet, parce que les deux segments parcourus sont d'égales courbures et que leurs différences de retard et d'avances sont aussi les mêmes. Mais, l'accord du 15 avril éloigné de 64 jours de retard du 10 février, et seulement de 31 jours de l'avance du 16 mai ; ici l'accord est bien plus rapproché de l'avance qu'il n'est du retard en proportion de leurs différences, car leur rapprochement de l'accord ne diffère que de moitié, tandis que leurs différences diffèrent de plus des deux tiers, parce que le segment parcouru par la terre du 10 février au 15 avril étant généralement moins courbé que le segment parcouru du 15 avril au 16 mai, la terre y gagne plus vite sur l'avance parce que le 16 mai est plus rapproché de 15 jours du solstice d'été qui est l'un des dômes le plus courbé de l'orbe elliptique que le 10 février ne l'est du solstice d'hiver qui est à l'autre dôme. Il en est de même du segment parcouru du 16 juillet au 31 août, qui, étant aussi généralement plus cintré que le segment du 31 août au 1er novembre, ce dernier segment moins courbé gagne aussi plus vite sur l'avance parce qu'il est plus éloigné de 26 jours du dôme du solstice d'hiver, que le 16 juillet du dôme du solstice d'été.

Il est certain que l'aiguille que j'ai adaptée à la terre et qui tourne avec elle arrivera d'autant plutôt au centre du soleil le 1er novembre que la terre est plus près de cet astre, et, au contraire, cette aiguille arrivera d'autant plus tard au centre du soleil le 10 février que la terre est aussi plus proche de cet astre; car, l'avance comme le retard sont d'autant plus grands que le soleil est plus près de la terre, et sont d'autant plus petits qu'il en est plus éloigné. Et, c'est toujours où le pourtour de l'arbre que parcourt la terre va se cintrant de plus en plus que le retard a lieu, et où il va de plus en plus se redressant a lieu l'avance ; parce que la terre, en avançant, en tournant ou roulant sur elle-même dans un segment qui va de plus en plus se cintrant, est obligée de tourner de plus en plus qu'un tour de rotation sur elle-même pour présenter la même surface en face du centre du soleil; le contraire a lieu en avançant en tournant sur elle-même dans un segment qui va de plus en plus se redressant, car elle a de moins en moins à tourner sur elle-même pour présenter la même surface en face du centre du soleil.

Mais, si le soleil était au milieu de l'orbe elliptique que parcourt la terre, les avances comme les retards seraient toujours égaux aux mêmes pointes correspondantes. Mais, si l'orbe était ronde et non elliptique et excentrique, il ne pourrait y avoir ni avance ni retard, car la terre aurait toujours le même nombre de minutes à tourner en plus sur elle-même qu'un tour de rotation pour arriver à présenter en face du centre du soleil la même surface.

Car, n'est-il pas de toute évidence que si la terre, au lieu de son orbe cintrée parcourait une ligne droite, la terre y accomplirait chaque tour de rotation en y amenant son aiguille perpendiculaire à cette ligne ; donc plus la terre tournerait court dans son orbe, plus le méridien devrait retarder, parce qu'elle présenterait d'autant plus tard sa même surface au soleil qu'elle aurait plus longtemps à tourner pour y arriver.

Képler a prétendu expliquer les avances et les retards du méridien par les différences de vitesse de translation de la terre et à l'écliptique incliné sur l'équateur.

Mais, répondais-je à ces faux arguments, si la translation de la terre s'accélère par l'un des bouts de l'orbe elliptique qu'elle parcourt, et se modère par son autre bout opposé, l'avance ne devrait donc avoir lieu que par l'un des bouts et le retard par l'autre; il n'y aurait qu'une avance et un retard sur tout le pourtour de l'orbe. Mais, la vitesse plus ou moins grande de translation de la terre donc ne changeant rien à sa vitesse de rotation, ne peut en rien influer sur les déviations du méridien ; car, si la terre, comme je viens de le dire, parcourait un cercle régulier au lieu d'un orbe elliptique et excentrique, elle présenterait à chaque tour de rotation juste à la même heure la même surface en face du centre du soleil, quel que soit son plus ou moins de vitesse de translation. Et, si la terre, parce qu'elle irait plus vite dans son mouvement de translation ferait avancer le méridien, l'avance n'aurait donc lieu que par un bout de l'orbe et le retard par l'autre bout, de sorte qu'il n'y aurait que deux points autour de l'orbe où le méridien serait d'accord et deux autres points transversaux où il aurait par l'un la plus grande avance et par l'autre le plus grand retard : tandis qu'il y a quatre points où il y a accord, entremêlés de deux segments d'avance et de deux segments de retard.

Et, quant à l'inclinaison de l'écliptique sur l'équateur, qui fait présenter à la terre successivement toutes ses surfaces intertropicales, est-ce que chacune de ces surfaces, en se déroulant dans le même temps, leur mouvement de rotation s'effectuant toujours pour chacune d'elles en vingt-quatre heures, peut-il en rien influer sur les déviations du méridien, quelle que soit leur inclinaison à l'écliptique.

Le plan suivant représentant l'orbe parcourue par la terre

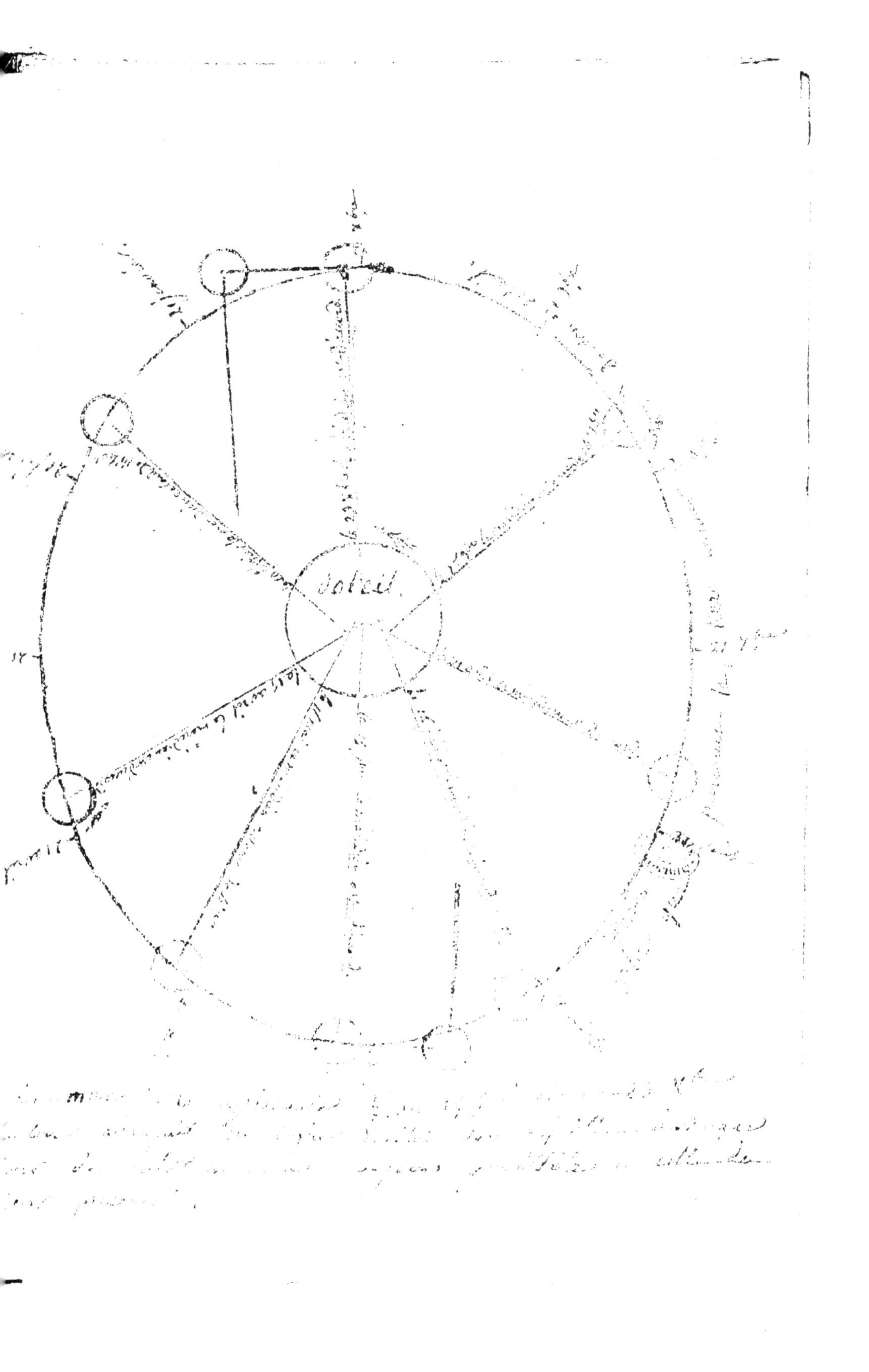

Soleil.

autour de son soleil, où le méridien retarderait de vingt-quatre
heures en en faisant le tour si la terre ne tournait pas de presque quatre minutes à chaque tour de rotation en plus que cha·
que tour par rapport à elle et par rapport à son étoile Zénith autre
que son soleil, car elle ne tourne pas autour de cette étoile, tandis qu'elle tourne autour de son soleil.

Ainsi, l'aiguille que j'ai adaptée à la terre assurée perpendiculairement par le bas du plan au centre du soleil ; mais, à mesure
que la terre avance dans son orbe, son aiguille conservant sa
même position à chaque tour de rotation par rapport à elle et à
son étoile Zénith autre que son soleil, cette aiguille retarderait
de six heures marquées par le quart de cercle qu'elle aurait à
parcourir pour arriver au centre du soleil, en arrivant au quart
de l'orbe, où elle serait paralèlle au soleil, et retarderait de douze
heures marquées par un demi cercle, en arrivant au haut du plan,
où la terre aurait parcouru la moitié de son orbe, son aiguille
se trouvant tournée à l'opposé du soleil, et retarderait de dix-huit
heures marquées par trois quarts de cercle en arrivant aux trois
quarts de l'orbe où son aiguille serait encore parallèle au soleil,
et retarderait de vingt-quatre heures marquées par un cercle
entier en réarrivant au bas du plan d'où la terre serait partie,
parce qu'elle aurait fait un tour de moins qu'elle ne fait, si l'orbe
qu'elle parcourt se développait en ligne droite, et qu'elle ne fasse
à chaque tour qu'un tour sur elle-même qui ne durerait qu'environ vingt-trois heures et cinquante-six minutes.

LA CAUSE DE LA FORMATION DES AÉROLITHES

Les aérolithes dont l'époque des principales pluies figurent sur
le plan qui précède ; ces aérolithes doivent se former par l'effet
des pressions dans le fluide du tourbillon de la terre par son
mouvement descendant dans son tourbillon vers son soleil.

Ainsi, le fluide du tourbillon de la terre de plus en plus pressé
pendant le mouvement descendant de la terre par la force centrifuge de sa planète qui repousse ce fluide par sa force centrifuge contre le fluide du tourbillon solaire repoussé en sens contraire par la force centrifuge du soleil ; les fluides des deux
tourbillons se prenant en rebroussant à leur jonction dans leur
mouvement de rotation, le fluide du tourbillon de la terre en
tournant beaucoup plus court que le fluide du tourbillon solaire
qui va beaucoup plus vite, comme le prouve la vitesse de translation de la terre autour de son soleil ; cette plus grande vitesse
du fluide du tourbillon solaire l'emportant sur celle du fluide du

tourbillon de la terre, le forcerait à s'enrouler par petites parties, comme la grêle dans l'atmosphère s'enroule entre des courants contraires; car. le fluide du tourbillon planétaire plus dense que celui du tourbillon solaire, s'en trouvant mieux palpé, obéit à son mouvement, qui force en même temps le tourbillon planétaire à se dérouler dans son sens. Les aérolithes se formeraient des matières terrestres qui s'y évaporent, et que la force centrifuge de cette planète repousse dans son tourbillon.

La preuve de cette formation d'aérolithes, c'est que leurs pluies ne tombent vers la terre que dans le temps où cette dernière se rapprochant de son soleil, cause de plus en plus de pression par le bout de son tourbillon tourné vers son soleil ; cette pression commençant au solstice d'été qui arrive au 21 juin. produirait des aérolithes le 10 août après un mois et vingt jours de pression continue et de plus en plus forte ; ce qui forcerait les matières terrestres remontées de terre évaporées jusqu'au pourtour de son tourbillon à s'y enrouler en se soudant en arrivant du côté du soleil, où le mouvement du fluide du tourbillon de cet astre prend en rebroussant le mouvement du fluide du tourbillon de la terre ; ces matières mieux palpées par la force centrifuge de la terre, parce qu'elles sont les parties les plus denses de son tourbillon, s'agglomérant au pourtour de ce tourbillon, où se trouvant arrêtées du côté du soleil par le mouvement rebroussant du tourbillon solaire qui, comme un air alizé qui irait en sens contraire, les forcerait à s'enrouler par petites boules, qui, y atteignant en grossissant des matières qui y adhèrent, un degré de pesanteur supérieur à la force centrifuge de la terre, cette force s'en trouvant forcée les y laisse tomber parce qu'elles en viennent ; car. il ne peut tomber sur un astre qui tourne sur lui-même que ce qui en a été repoussé par sa force centrifuge et que sa force centripète doit réattirer quand sa force centrifuge s'en trouve forcée.

La seconde pluie d'aérolithes a lieu le 12 novembre, parce que partant du 10 août, date de la première, où les matières qui en formèrent s'y étant épuisées, ces matières durent pendant ce temps de nouveau suffisamment s'agglomérer où la rotation des tourbillions solaire et planétaire se prennent en rebroussant doivent les y arrêter et les y faire s'enrouler, comme la grêle dans l'atmosphère entre des courants contraires, et les cyclones qui s'enroulent sur les mers par une vibration qui leur fait soutenir un pourtour d'humidité vingt fois plus dense que l'air de leur intérieur. Les matières terrestres repoussées évaporées dans le tourbillon de la terre de nouveau s'agglomérant au pourtour de ce tourbillon du côté qui regarde le soleil, où la rotation des tourbillons solaire et planétaire s'y prenant en rebroussant doivent les y arrêter, reforment des aérolithes qui doivent égale-

La terre dans son tourbillon parcourant son orbe autour du Soleil.

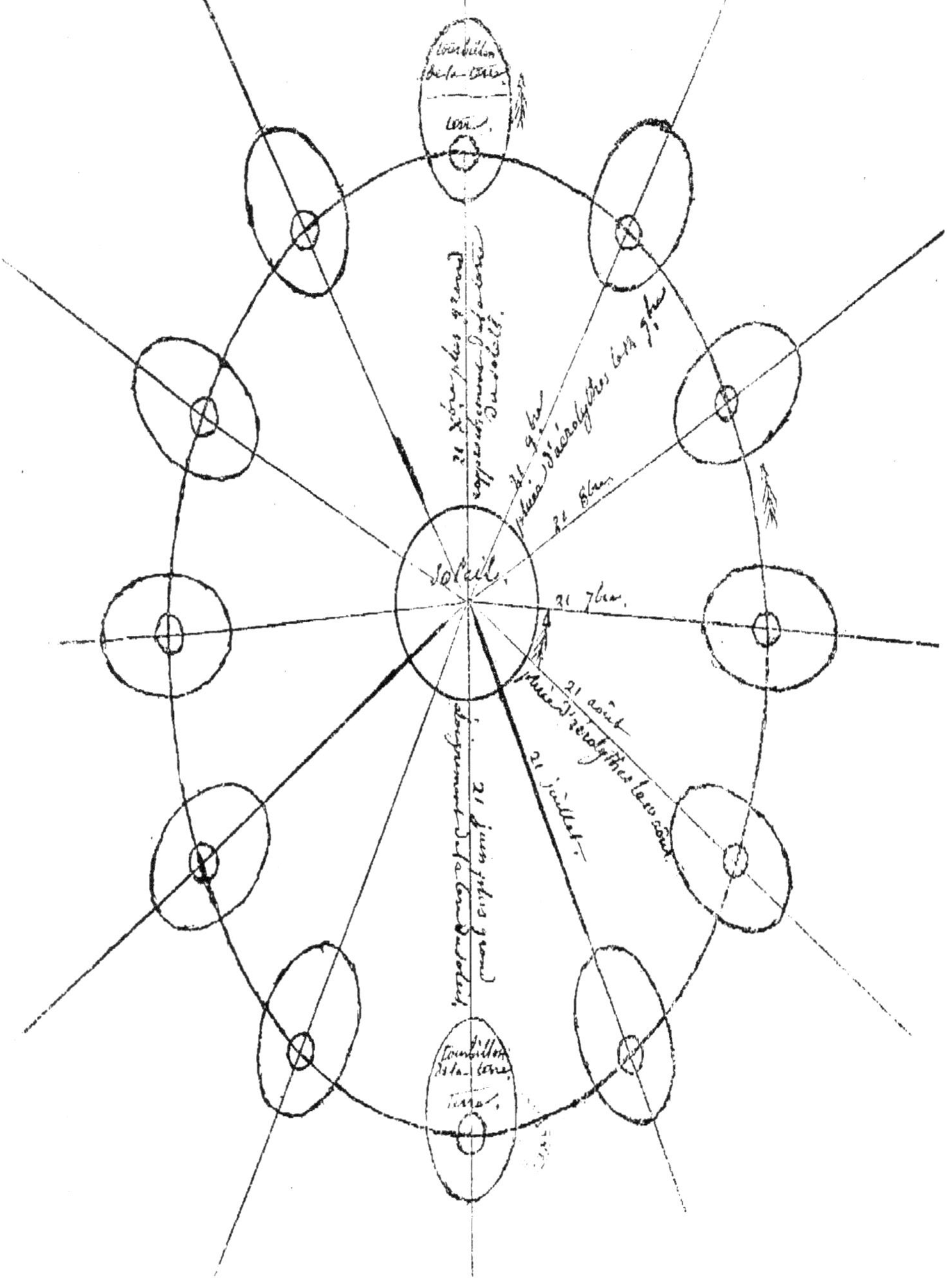

Tourbillon de la terre.
terre.

Soleil.

21 7bre.
21 Xbre.
21 9bre.
21 août
21 juillet.
21 juin.

plus d'aérolythes l'été 7bre.
moins d'aérolythes l'été août.

Tourbillon de la terre.
terre.

ment tomber sur terre sitôt que leur poids doit les y attirer. Mais, ces aérolithes se maintiennent en l'air comme la grêle dans l'atmosphère, beaucoup plus pesants que la force centrifuge de leur planète ne le permettrait, parce que la vive vibration de la rotation qui les forme et que leur cause les courants contraires des deux tourbillons à leur jonction, cette vive vibration est une force centrifuge qui les fait bien moins peser, car, en leur faisant repousser de leur poids tout autour de leur mouvement tournant, elle ne leur donne pas le temps de tomber du côté où ils pèsent ; et, en s'entourant chacun du tourbillon d'air qu'ils entraînent autour d'eux en tournant ce tourbillon serait la barrière qui les maintient plus longtemps en l'air.

C'est ainsi que tous les astres qui tournent sur eux-mêmes se maintiennent dans leur air, quoiqu'ils soient bien plus pesants volume pour volume que cet air qui les porte. Mais, cet air, en tournant de la rotation de ces astres qui l'entraînent, leur forme une vibrante barrière qui les empêche de tomber. Car, en supposant leur air stationnaire contre leur surface, cet air aurait encore une vitesse de rotation autour de la terre d'environ 360 lieues à l'heure autour de son équateur. Et, si les ballons tournaient dans l'air sur eux-mêmes, ils s'y maintiendraient d'autant plus pesants qu'ils y auraient une plus vive vibration, qui pourrait peut-être permettre de les diriger dans leur translation, en s'ouvrant un passage contre le courant d'air par leur rotation. Un boulet de canon auquel on imprime un mouvement de rotation, ce boulet a une bien plus longue portée, parce qu'il se maintient plus longtemps élevé.

N'est-ce pas toujours la confirmation de l'existence des tour-billons ?

LA CAUSE DES LIBRATIONS DE LA LUNE

Les librations de la lune sont produites par une cause analogue à celle de l'avance et du retard du méridien ; mais, les librations de la lune sont beaucoup moins régulières ; je veux dire qu'elles diffèrent pendant beaucoup plus longtemps, parce que la terre, par son rapprochement et son éloignement alternatifs du soleil, passant alternativement d'un foyer à l'autre de son tourbillon, en se portant en même temps, comme je l'ai dit précédemment, tantôt vers l'avant et tantôt vers l'arrière de la marche de ce tourbillon, la terre se déplace bien davantage par rapport à sa lune que le soleil qui est toujours dans le même foyer de l'orbe que parcourt la terre, ne se déplace pas par rapport à cette dernière. La terre en changeant continuellement toujours de place en long et en travers dans son tourbillon, fait toujours varier les librations de la lune qui, passant toujours dans le même sillon du tourbillon de la terre, occupe toujours une autre position par rapport à la terre.

La lune, lestée par ses montagnes, qui ne doivent exister, d'après la formation de l'astre que j'ai imaginé que du côté de la terre pour l'empêcher de vaciller; car, si cet astre glacé à sa surface vacillait, il nous aveuglerait de la lumière qu'il miroiterait; la lune, ainsi lestée, voguerait toujours dans le courant du fluide qui la porte selon que son lest la maintiendrait perpendiculairement à ce courant.

Ainsi, où le niveau de ce courant de l'elliptique tourbillon de la terre n'est plus perpendiculaire au centre de la terre qui se déplace elle-même constamment dans son tourbillon, la lune en y arrivant, montrerait à la terre une petite partie de sa surface qu'elle lui cachait, où le niveau de ce courant lui était perpendiculaire, en lui en cachant autant par son côté opposé et qu'elle montrait à la terre quand, dans une autre position, elle lui présentait.

Ne voit-on pas sur le plan qui précède, bien mieux que je ne le puis dire, que la lune, dans sa révolution au pourtour du tourbillon de la terre, ne s'accorde pas avec les mouvements de cette dernière dans l'intérieur de son tourbillon comme la terre dans sa révolution autour de son orbe s'accorde avec la position fixe du soleil dans l'un des foyers de cet orbe; les librations de la lune ne se reproduisent les mêmes aux mêmes points du pourtour du tourbillon de la terre que par périodes de dix-neuf années; tandis que le soleil, occupant toujours le même foyer de l'orbe elliptique que parcourt la terre, celle-ci présentant toujours au centre du soleil en arrivant à chaque point de pourtour de son orbe les mêmes surfaces dans chacune de ses révolutions, les variations de l'avance et du retard du méridien ne diffèrent que dans le cours d'une année, pour se répéter de même aux mêmes époques de chaque année. Tandis que les librations de la lune sont d'autant plus variantes que la terre y contribue en variant elle-même dans son tourbillon. La lune présente à la terre une surface plus ou moins parallèle au niveau du fluide de ce tourbillon qui tient la lune par son lest perpendiculairement à ce niveau, comme les eaux des mers tiennent les vaisseaux lestés à leur cale, et l'air les oiseaux lestés par leurs pattes, qui leur permettent de descendre en fendant l'air en les allongeant.

Si on a imaginé que c'est parce que les astres s'attirent réciproquement, que les planètes tournent autour de leur soleil comme les comètes, et que les lunes tournent autour de leur planète comme si ces astres étaient tenus par un fil, il faut en tout cas supposer cette attraction ou ce fil bien élastique, je pour-

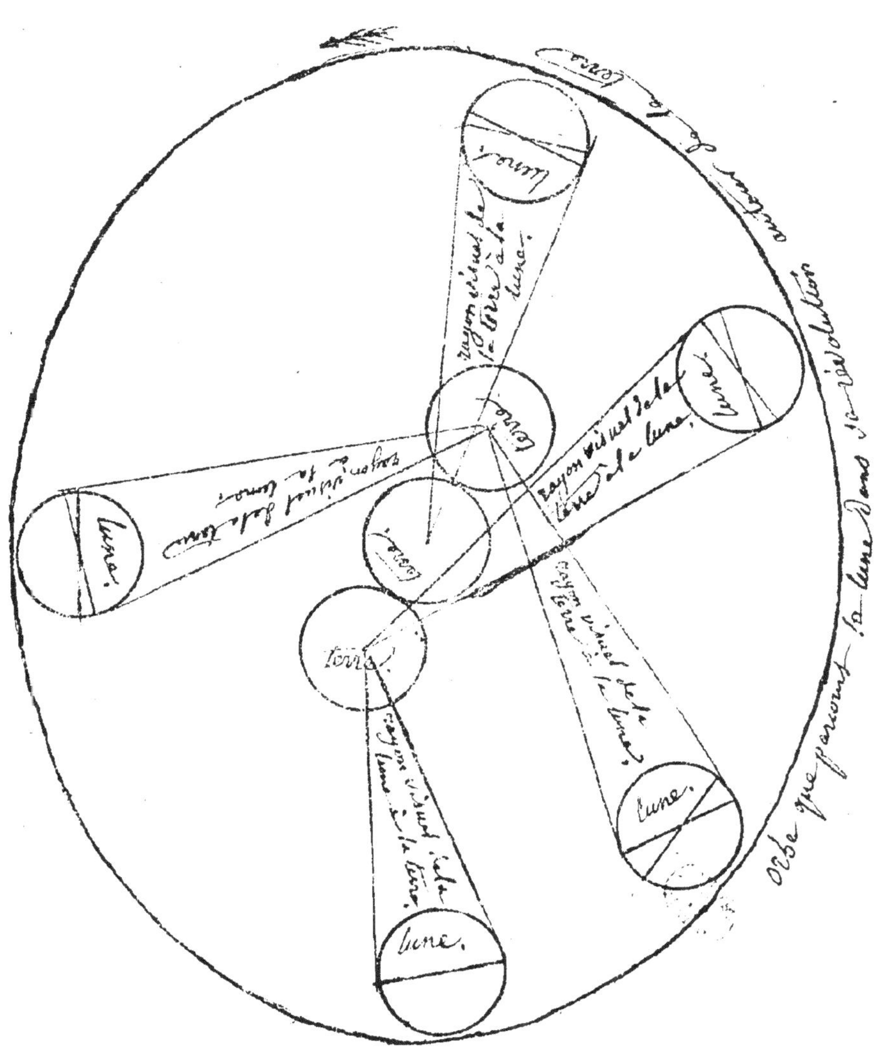

lune.
lune.
lune.
lune.
lune.
terre.
terre.
terre.
rayon visuel de la terre à la lune.
rayon visuel de la terre à la lune.
rayon visuel de la terre à la lune.
rayon visuel de la terre à la lune.
rayon visuel de la terre à la lune.
orbe que parcourt la lune dans sa révolution

rais dire lunatique, pour permettre l'éloignement et le rapprochement des petits astres des grands, si une autre cause ne les produisait. Car enfin, peut-on raisonnablement supposer que l'attraction qui lierait les comètes et les planètes à leur soleil et les lunes à leur planète, faiblirait et augmenterait comme un fil qui s'allongerait et se contracterait.

Les soleils attirent leurs comètes et leurs planètes, et celles-ci attirent leurs lunes, mais sans se pouvoir approcher que jusqu'à un certain point, où la force centrifuge des astres attirant sa balance avec la force centrifuge et la pesanteur des astres attirés qui tournent sur eux-mêmes, telles que les planètes, dont la pesanteur est bien diminuée par la poussée des rayons solaires et celle du rayonnement de leur propre feu central qui les pousse dans le même sens, mais aussi par l'effet de la vibration de leur rotation au centre de leur tourbillon qui, indépendamment de repousser de leur poids vers tout le pourtour de leur rotation, forme par leur tourbillon autour d'elle une succession de couches d'air vibrantes qui coupent le fil à la force attirante.

Pour combattre la fausse idée qu'il existe une attraction commune entre les planètes qui tournent sur elles-mêmes, je lui oppose qu'il n'y a pas d'attraction entre choses pareilles en nature et en degrés ; mais, qu'il existe une attraction des comètes et des planètes vers leur soleil comme il en existe une des lunes vers leur planète, parce que les planètes et comètes diffèrent de leur soleil qui est un foyer sec et brûlant ; les comètes et les planètes étant formées d'humidité, les planètes diffèrent de leurs lunes parce que leur surface n'est qu'une glace; cette attraction des planètes et des comètes vers leur soleil et des lunes vers leur planète a lieu par leurs différents degrés de chaleur, leur différente nature et leur différente pesanteur; les plus légers sont toujours attirés par les plus lourds qui occupent toujours un centre autour duquel doit converger tout ce qui est plus léger. Car, une pesanteur particulière existe vers chaque astre qui tourne sur lui-même dans toute l'étendue de son tourbillon qui est sa sphère d'attraction, qu'entraîne sa force centrifuge en le repoussant toujours, sa force centripète le réattirant toujours, car tout ce que sa force centrifuge repousse toujours sur lui, tend à retomber toujours.

Ainsi, tous les soleils et leurs cortéges de comètes, de planètes et de lunes tendent toujours à tomber sur le soleil universitaire, pivot de l'Univers, avec le fluide qui les entraîne ; les comètes et planètes tendent toujours à tomber sur leur soleil, et les lunes tendent toujours à tomber sur leur planète comme le fluide de son tourbillon, et y retomberaient, et, dans ce cahos s'étoufferaient si les forces centrifuges de tous les astres tournants et leurs brûlants rayonnements ne les repoussaient constamment.

OU LES LUNES SONT NÉCESSAIRES

Les eaux des planètes Mercure, Vénus et Mars coulent sur ces astres sans le secours des lunes, parce que par leur plus de petitesse que la terre qui a la dernière grosseur où une planète ne peut se passer de lune pour y produire des hautes mers suffisantes à la conservation de ses eaux en les forçant de couler par leur niveau plus élevé, car, si elles ne coulaient pas suffisamment en tous sens pour mieux mêler leurs degrés différents afin de ne pouvoir arriver nulle part à des degrés trop extrêmes aux pôles et à l'équateur ; car, les premières se glaceraient sous l'incessante pression de leur air qu'y attire constamment la force centripète, et les eaux équatoriales toujours dépressées par la force centrifuge qui les tient plus légères, ces eaux moins serrées permettraient aux rayons solaires d'y pénétrer plus abondamment en y descendant plus perpendiculairement, ces rayons arriveraient à mettre les eaux en ébullition par leur continuelle agglomération qui les dessècherait par l'évaporation si l'attraction des lunes sur les vapeurs du feu central en en faisant gonfler les eaux intertropicales ne les faisait couler vers les eaux polaires qui doivent les attirer, et celles-ci couler vers les eaux chaudes par la même attraction ne mêlait constamment leurs degrés différents.

Ainsi, les surfaces des planètes Mars, Mercure et Vénus étant plus bombées que celle de la terre, leurs eaux, par la rotation de leur astre tournant plus court vers la pente du côté du soleil, y coulent suffisamment sans autre secours en y tombant toujours.

Les marées solaires sur terre n'ont lieu que par cette pente ; aussi se règlent-elles sur la présence du soleil.

Tandis que l'énorme planète Jupiter, par sa trop plane surface parce qu'elle est peu cintrée, cette grosse planète a besoin de quatre lunes pour faire couler suffisamment les eaux de ses vastes océans. Ces lunes y agissent tantôt séparément sur chacune une surface, tantôt sur la même en se rapprochant graduellement sous le même zénith ; car, cet astre n'ayant pas, ou fort peu de mouvement balançant par rapport à son soleil, ses lunes passeraient toujours au-dessus de son équateur qui, étant toujours en face de l'équateur du soleil, d'où s'élancent les plus brûlants rayons de cet astre, et, par conséquent en ligne avec les couches ou lames horizontales du courant du fluide du tourbillon solaire, la planète Jupiter déroulant toujours son équateur sur cette ligne équinoxiale, y entraîne toujours ses lunes. Ainsi, les quatre lunes de Jupiter passant toujours au-dessus de son équateur où elles y sont plus nécessaires au gonflement des eaux de ses mers ; car, les eaux de cet équateur toujours exposées sous les plus brûlants rayons solaires et tenues plus légères par la force centrifuge de cet astre qui est vingt-sept fois aussi vive à sa surface que celle de la terre, ces eaux pouvant absorber les rayons solaires en proportion qu'elles seraient plus légères, y ont aussi besoin de plus de mouvement pour ne pas s'y décomposer par l'évaporation. Les lunes de Jupiter opérant leur révolution autour de leur planète en des temps d'autant moins longs qu'elles en sont plus rapprochées, ces lunes en passant par la même ligne dans leur révolution sont toujours en conjonction avec leur planète et leur soleil à chaque nouvelle et chaque pleine lune et aussi entre elles ; ce qui explique leurs fréquentes éclipses (cinq ou six chaque semaine). Mais ces éclipses seraient-elles si communes si ces lunes ne passaient toutes par la ligne équinoxiale ; car, la lune de la terre ne produit chaque année que deux éclipses de soleil et la terre deux éclipses de lune ; mais celles de Jupiter en produisent toujours à chaque nouvelle et pleine lune, parce que cette planète est toujours à l'équinoxe.

Les quatre lunes de Jupiter, malgré sa plane surface, sont suffisantes à l'écoulement de ses eaux, parce que, par la vive rotation de sa vaste surface (vingt-sept fois aussi vive que celle de la terre), cet astre amenant bien plus vite encore que la terre ses mêmes surfaces en pente vers le soleil et en face de ses lunes, ses eaux plutôt soulevées par l'attraction de ses lunes sur les vapeurs de son feu central, et plutôt attirées vers le soleil par leur pesanteur, les eaux de cet astre, malgré sa plane surface, doivent couler plus vite encore que celles de la terre, ce qui leur est nécessaire, car sa vive rotation doit attirer en proportion les brûlants rayons solaires (ce qui rend cet astre si clair), et qui en causeraient la décomposition sans cette vive rotation qui modifie l'action des rayons solaires qu'elle attire sur les eaux, mais qu'elle fait couler plus vite.

LA CAUSE QUI NOUS FAIT VOIR LE SOLEIL AVANT SON LEVER & APRÈS SON COUCHER

Les rayons solaires qui apportent sur terre l'image de leur astre, l'apportent avant son lever et après son coucher, parce que ces rayons arrivant contre l'un des bouts de l'elliptique tourbillon de la terre qui, étant composé d'un fluide plus dense que le fluide du tourbillon solaire, ces rayons, selon qu'ils y arrivent plus ou moins en biaisant au niveau de son courant, ces rayons doivent y mirer l'image du soleil par un angle qui correspond à leur degré d'inclinaison, comme se réfractent les rayons des images des objets qui arrivent en biaisant contre la glace d'un miroir, selon l'inclinaison par laquelle ils y arrivent, parce que la glace du miroir étant aussi plus dense que l'air qui la touche, cette glace présentant aux rayons des objets éclairés le niveau de sa coulée plus ou moins en biaisant, ces rayons y réfractent l'image en l'y photographiant ; comme le fluide du tourbillon de la terre présente à son pourtour le niveau de son mouvement tournant aux rayons solaires qui y apportent l'image de leur astre, comme à leur surface les eaux leur présentent leur niveau, et, à partir de ce niveau le tourbillon, la glace et les eaux mirant aussi le fluide qui les sépare de l'objet qui s'y mire, ils représentent cet objet à la même distance correspondante en-dessous de ces surfaces transparentes qu'il en serait en dessus, quel que soit le peu d'épaisseur de ces transparents.

Ainsi, l'image du soleil, comme celle de la lune, ne peuvent être vus de terre qu'où les rayons de ces astres peuvent y arriver ; et comme à partir du rayon méridien qui va en ligne droite du centre du soleil au centre de la terre, parce qu'il arrive aplomb sur le niveau du pourtour de son tourbillon, le soleil, par ce rayon droit est vu de terre à son vrai endroit ; mais, à mesure qu'en retournant vers le levant comme en avançant vers le couchant les rayons solaires arrivant de plus en plus en biaisant contre le courant du fluide du tourbillon de la terre, ces rayons formant avec la surface de ce courant un angle de moins en moins obtus, font voir, par leur fil conducteur de nos rayons visuels, le soleil à la terre partant du rayon méridien, de plus en plus haut qu'il n'est au-dessus de notre horizon en retournant vers le levant comme en avançant vers le couchant. Car, il font voir le soleil comme s'il était en ligne droite avec le rayon solaire qui l'apporte à la terre du pourtour de son tourbillon, car ce rayon sert de conducteur à notre rayon visuel pour le conduire jusqu'au soleil par le rayon qui vient directement de cet astre, malgré son inflexion en arrivant contre le tourbillon de la terre, ainsi qu'on le voit sur le plan.

Les rayons solaires, par l'effet de leur inclinaison vers la terre en partant du pourtour de son tourbillon, ces rayons se resserrant en y descendant d'une plus grande largeur, doivent, en s'y comprimant, mieux le chauffer pour l'animer.

Les rayons solaires arrivant contre la surface de la terre du haut de son tourbillon, en s'y resserrant autour du rayon méridien, y produisent l'éblouissante clarté qui éteint les vues faibles, parce qu'étant plus perçante que leur rayonnement visuel, elle le refoule dans leur orbite en l'y comprimant ; ce rayonnement comprimé brûle les organes transparents de la vue qu'il rend opaques. Cette abondante lumière solaire arrivant contre terre par milliards de milliards de rayons comprimés, cette lumière doit y onduler ou tourbillonner comme la fumée sortant des cheminées, par la résistance que lui oppose l'air qu'elle doit traverser en remontant pour s'y desserrer et rendre l'air vital jusqu'à la hauteur où elle peut remonter, comme Fresnel l'a présumé, s'il n'en a pas trouvé la cause.

LA GRAVITATION UNIVERSELLE

ET POURQUOI LE CARRÉ DE LA DISTANCE N'EST PAS RÉGULIÈREMENT OBSERVÉ DANS LA MARCHE DES PLANÈTES AUTOUR DE LEUR SOLEIL, AINSI QU'ON LE VOIT SUR CE TABLEAU.

NOMS des PLANÈTES	LEUR distance de lieues DU SOLEIL.	CARRÉ DE LEUR DISTANCE DU SOLEIL.	Lieues qu'elles parcourent en un jour de 24 heures.	Durée de leur révolution autour du Soleil.
MERCURE	13.361,000	178,516,321,000,000	954,357	88 jours de 24 heures.
VÉNUS ...	23,000,000	625,000,000.000,000	698 412	8 mois.
TERRE ...	34,500,000	1.190 250,000,000,000	504,129	1 an.
MARS	53,000,000	2,809,000,000,000,000	484,524	668 jours valant 687 des nôtres
JUPITER..	180,000,000	32,400,000,000.000 000	258.219	12 ans.
SATURNE.	329,000,000	108,240,000.000.000,000	192,354	30 ans.
URANUS..	735,000,000	540,225.000,000,000,000	127,844	84 ans.
NEPTUNE.	1,036,000,000	1.073,256.000,000,000,000	108,793	164 ans.

Je n'ai pu faire figurer l'essaim de petites planètes qui circulent échelonnées entre Mars et Jupiter, et qui doivent, par leur rapprochement, qui coupe la distance entre ces deux astres, y accélérer de leurs élans le mouvement du fluide du tourbillon solaire, ce qui prépare à Jupiter, en le secondant, le vif élan qui doit l'amener à la vitesse de projection qu'il obtient dans sa région.

Ainsi, la planète Vénus, par un carré de distance du soleil trois fois et demi aussi grand que celui de Mercure, déprogresse de 1/4 sur sa marche autour du soleil.

La terre, par un carré de distance sept fois aussi grand que celui de Mercure, déprogresse sur la marche de cet astre d'un peu plus d'un tiers.

Mars, par un carré de distance de plus de quinze fois aussi

grand que celui de Mercure, ne déprogresse sur sa marche que de moitié.

Jupiter, par un carré de distance 182 fois aussi grand que celui de Mercure, ne déprogresse sur sa marche que des 3/4.

Saturne, par un carré de distance de 608 fois aussi grand que celui de Mercure, ne déprogresse que des 4/5 sur la marche de cet astre.

Uranus, par un carré de distance 3,035 fois aussi grand que celui de Mercure, ne déprogresse que des 7/8 sur la marche de cet astre.

Neptune, par un carré de distance de 6,066 fois aussi grand que celui de Mercure, ne déprogresse que des 8/9 sur la marche de cet astre.

La déprogression de la projection des planètes autour de leur soleil va augmentant progressivement de Mercure jusqu'à Mars ; puis, tout-à-coup, cette déprogression diminue sensiblement en arrivant à Jupiter, qui fend bien plus vite l'air que ne comporte sa région.

Saturne, qui est après Jupiter la plus grosse planète connue du système solaire, cette planète conserve sa vitesse de projection au moins selon sa région, parce que, indépendamment qu'elle déroule à chaque tour un très grand pourtour, et que ses huit lunes activent la rotation de son tourbillon à toutes ses régions par l'élan qu'elles y prennent, ce qui fait rouler plus vite le tourbillon de cette planète dans le courant du tourbillon solaire qu'il doit aussi activer et s'en trouver plus vite entraîné, et la rotation de son énorme anneau fendant l'air en le repoussant par ses côtés, permet à sa planète de s'y élancer plus vite.

Uranus, plus petit, déprogresse davantage par le moindre pourtour qu'il déroule à chaque tour les deux satellites des six qui l'accompagnent et qui tournent dans leur projection dans un sens contraire à ces derniers, ces deux satellites ont dû être repoussés du tourbillon d'Uranus par sa force centrifuge qui les aurait fait culbuter par un côté de son tourbillon avec l'élan du mouvement dont ils étaient animés avant leur culbute ; ces deux satellites ont dû le continuer, mais en sens contraire, par rapport à leur culbute ; et mettant en mouvement par le leur le fluide du tourbillon solaire dans lequel ils entrèrent, ils s'en formèrent un petit tourbillon qui, étant engrené par la rotation contraire de celui de leur planète, qui le remorque par son arrière, ce petit tourbillon doit donc tourner en sens contraire et y faire tourner ses lunes dans leur mouvement de projection à qui il rend l'impulsion qu'il en reçoit. (Voyez le plan qui suit.)

Quant à Neptune, il reprend hardiment son rang dans la vitesse de son mouvement de translation ; son plus de grosseur qu'Uranus, et probablement l'élan de ses nombreuses lunes qui activent la rotation de son tourbillon à toutes leurs régions, l'y replacent avantageusement ; car, plus les planètes auraient de grosseur et seraient plus éloignées de leur soleil, plus elles auraient besoin de lunes pour faire mouvoir les eaux de leurs mers par les vapeurs de leur feu central que ces lunes doivent plus abondamment attirer, et par une rotation plus précipitée qu'elles doivent leur causer en activant celle de leur tourbillon à plus de régions.

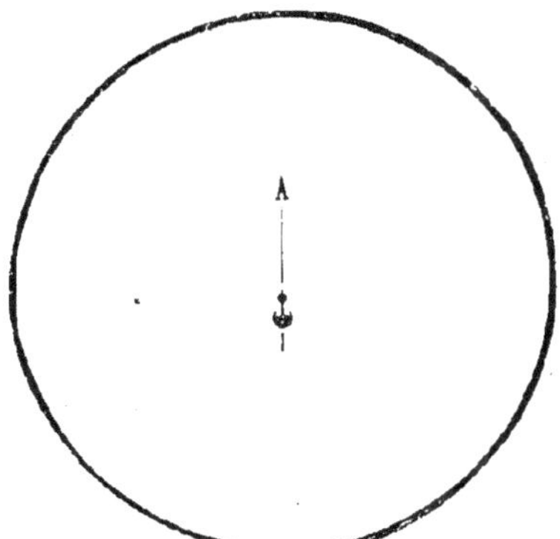

Si on renverse ce globe, que l'on mette son haut en bas, est-ce qu'il n'avancera pas dans sa projection autour de son tourbillon en sens contraire, par rapport à ce qui l'entoure, puisque sa flèche, qui indiquait le sens de son mouvement avant son renversement, serait tournée au rebours?

SUR LA GRAVITATION UNIVERSELLE

POURQUOI LES ASTRES, MALGRÉ LEUR PLUS GRANDE PESANTEUR QUE LE FLUIDE QUI LES SOUTIENT, SE MAINTIENNENT CHACUN A LEUR HAUTEUR.

Le soleil universitaire, pivot de l'Univers, cet énorme soleil, par la rotation de sa surface armée des gigantesques volants enflammés qui s'élèvent des gaz remontant de ses flancs, ces flammes en tournant du mouvement de leur astre balaieraient d'autant plus l'air qui les entoure en le repoussant en remontant en spirale entre la ligne horizontale et la verticale, qu'elles attireraient cet air des deux pôles de leur astre pour s'en animer, la force centripète de ce soleil l'attirant de son tourbillon contre ses pôles, doit aussi le faire couler vers son équateur ; ces deux airs, en y allant, serrant les flammes solaires entre leurs courants contraires ;

doivent, en les comprimant, en faire jaillir la chaude lumière sitôt qu'arrivée à trop de subtilité elle n'y a plus que faire ; car, le but de la combustion est la transformation de la matière en atomes et en lumière pour encore en recomposer

Ainsi, les flammes du soleil universitaire, par leur grande élasticité, comme les ailes des oiseaux battraient l'air en tournant du mouvement de leur astre, mais le battraient en remontant en biaisant ; ces flammes s'élevant à une hauteur au-dessus des surfaces de leur astre proportionnée à son énorme grosseur, parce que plus de gaz réside à son intérieur pour produire en en remontant son feu extérieur ; ces gigantesques flammes, en tournant du mouvement de leur astre, mettraient en mouvement autour de cet astre tout le fluide de l'Univers; le fluide directement repoussé et entraîné par ces flammes repoussant le fluide suivant, celui-ci, le fluide qui le touche et successivement de fluide en fluide jusqu'au pourtour de cet immense tourbillon ; car, la rotation continuelle du centre doit se répercuter de fluide en fluide tant qu'un fluide doit exister, parce qu'il serait toujours palpé par le mouvement du fluide d'à côté. Le fluide de cet immense tourbillon entraînant dans sa rotation autour de son soleil tous les tourbillons des autres soleils, satellites du soleil central, qui l'activent chacun dans leur région par le déroulement de leur rotation qui les fait avancer plus vite que le fluide qui les entraine dans la sienne. Ces tourbillons solaires entraînant aussi chacun, de la même manière leurs tourbillons planétaires dans leur révolution autour de leur soleil, ces tourbillons planétaires activant aussi chacun dans leur région la rotation du tourbillon de leur soleil par le déroulement de leur propre rotation, ces tourbillons planétaires entraînant aussi leurs lunes dans leur révolution autour de leur planète par leur rotation, au moins celles qui en ont.

Ainsi, tous les soleils satellites du soleil universitaire, placés selon leur ordre de pesanteur combinée à la force de vibration de leur rotation à différentes hauteurs du soleil central, ces soleils, par leur élan de rotation qui, les faisant rouler dans leur propre tourbillon, doivent d'autant pousser leur tourbillon solaire de tout le pourtour de ces astres qu'ils développent à chaque tour, dans sa projection autour du soleil universitaire, en sus de l'impulsion qu'il reçoit de la rotation de cet astre.

Le mouvement du fluide du grand tourbillon universitaire ainsi réactivé de région en région par la rotation de chaque soleil ; cette réanimation du mouvement doit se répercuter d'une plus basse région à une plus élevée partant du centre jusqu'à la circonférence, ce qui y propageant le mouvement d'une manière continuelle, en amoindrirait le ralentissement considérablement en s'éloignant du centre qui en donne l'impulsion, car ce ralentissement se produirait beaucoup plus grand sans ces continuels renouvellements qui s'échelonnent en remontant.

De même les planètes aussi échelonnées à différentes régions dans leur tourbillon solaire, doivent, de la même façon, activer l'élan de leur projection ou révolution autour de leur soleil dans le tourbillon de cet astre par leur mouvement de rotation de tout le pourtour qu'elles déroulent à chaque tour dans leur propre tourbillon qu'elles poussent d'autant dans leur tourbillon solaire en sus de son propre mouvement causé par la rotation de son astre, qu'elles augmentent chacune dans le sillon qu'elles parcourent selon leur plus de grosseur et leur plus vive rotation qui leur fait dérouler plus de pourtour dans le même temps à chaque tour.

Leurs lunes, quoique sans tourner sur elles-mêmes dans le tourbillon de leur planète qui les entraîne par sa rotation dans leur révolution autour d'elles ; ces lunes par l'élan qu'elles y prennent par leur plus de densité que le fluide qui les entraîne, ces lunes doivent aussi activer le mouvement de ce fluide à leur hauteur, car ce fluide qui les entraîne (comme je l'ai déjà dit), ne les pouvant traverser comme il se traverse lui-même, doit les faire avancer plus vite qu'il ne se peut faire avancer.

Ceci s'applique à la marche de tous les autres astres par celle de leur tourbillon ; car, le fluide du grand tourbillon universitaire étant plus subtilisé que le fluide de tous les autres tourbillons solaires, le fluide de ces derniers tourbillons plus condensé doit y prendre d'autant plus d'élan dans ce fluide du tourbillon universitaire plus rare de matière qui les entraîne dans son mouvement circulaire qu'ils le traversent plus facilement qu'il ne les pourrait traverser.

Impulsion pour impulsion, le plomb va plus vite que le liége, parce que le degré de pesanteur de l'air qu'ils traversent se rapprochant beaucoup plus du degré de pesanteur du liége que de celle du plomb, cet air résiste aussi davantage au liége qu'au plomb. C'est pourquoi les tourbillons planétaires, dont le fluide étant plus dense que celui de leur tourbillon solaire, ces tourbillons planétaires doivent aussi y avancer plus vite qu'il ne les peut entraîner; il en est de même des tourbillons solaires qui avancent plus vite dans le grand tourbillon universitaire qu'il ne les peut entraîner.

Ainsi, les soleils mis en mouvement dans leur révolution autour du soleil universitaire par la rotation ou force centrifuge de la flambante surface de ce soleil, pivot de l'Univers ; les simples soleils, ses satellites, par leur élan de projection dans leur révolution autour de ce soleil, augmenté du déroulement de leur vaste surface flambante qui leur fait battre l'air de leur tourbillon en l'engrenant par ces volants, les y fait avancer d'autant, comme par leur hélice avancent les vaisseaux en battant ou engrenant les eaux ; ces astres, par la vive vibration de leur projection autour

de leur orbe, comme des boulets de canon que l'explosion de la
poudre fait vibrer horizontalement dans l'air en travers de l'aplomb
de leur pesanteur, ces astres, moins que les boulets, y pèsent puisqu'ils n'en descendent jamais ; car, la même impulsion qui les
entraîne ou les pousse existant toujours en y avançant d'eux-
mêmes par leur rotation qui les y fait se dérouler, ils ne peuvent,
comme les boulets, peser jamais plus lourd en vibrant autant
toujours.

Les projectiles lancés par les armes à feu ne recevant leur
impulsion que par une seule explosion, dont le feu étant attiré,
comme le sont tous les feux, par son attraction vers l'air glacial
d'au-dessus de l'atmosphère pour y confondre leurs degrés ; ce
feu de l'explosion extrêmement comprimé dans la poudre, chasse,
en s'y allumant, le projectile par son gonflement extrême dans
la direction de son attraction en montant à la sortie du canon de
l'arme ; cette attraction faiblissant vite, le poids du projectile sur
elle de plus en plus l'emportant, lui fait décrire une courbe qui
le ramène vite à terre.

Les planètes satellites de leur soleil se maintiennent de même
à chacune leur hauteur dans leur tourbillon solaire par leur même
mouvement de projection autour de leur soleil augmenté également de leur mouvement roulant de tout ce qu'elles déroulent
de pourtour dans chaque temps ; leur mouvement de rotation
leur formant un tourbillon du fluide que leur surface bosselée
ou dentelée doit autour d'elle entraîner ; ce tourbillon, par son
mouvement de rotation autour de sa planète, la maintiendrait à
sa hauteur en interceptant en grande partie l'attraction de sa
pesanteur vers l'astre duquel elle dépend parce qu'elle en vient ;
car, le pourtour de l'astre, en tournant toujours autour de son
centre, tend à lancer de son poids également tout autour de
ce pourtour, ce qui doit rendre l'astre bien moins lourd vers le
point qu'il doit peser ; sa vitesse de rotation toujours proportionnée à son plus de pesanteur ne lui donne pas le temps de tomber
par aucun côté. Mars, qui serait la planète la plus légère du système solaire, a aussi la rotation la plus lente, tandis que Jupiter
étant la plus pesante planète a aussi la rotation la plus accélérée ;
parce que, selon qu'il est plus pesant à son pourtour qui est sa
roue de volée, l'astre prend un plus vif élan dans son mouvement.

Une meule de remouleur tend, par sa pesanteur, à s'élancer
d'autant plus au dehors de son orbite qu'on la fait tourner plus
vite, et s'arrache de son axe de rotation en volant en éclats par
une trop grande vitesse de rotation.

Les planètes se rapprochent de leur soleil quand présentant à
cet astre plus de leurs surfaces marines, dans lesquelles les
rayons solaires pouvant s'enfoncer ne peuvent autant s'agglo-

mérer contre ces humides surfaces, laissent rapprocher leur planète de son soleil ; mais quand plus de surfaces de terre se présentent à leur tour à leur soleil, les rayons de cet astre n'y pouvant guère pénétrer, doivent le repousser de la somme de rayons qui doit s'y agglomérer.

Ainsi, ce serait par la continuelle explosion des rayons solaires de la surface de cet astre que ses planètes seraient maintenues à leur hauteur de leur soleil, cette poussée des rayons solaires par un côté des planètes secondée de la poussée dans le même sens du rayonnement du feu central des planètes, comme je l'ai dit dans le cours de cette ouvrage, ces deux forces s'adjoignant a la vibration des surfaces des planètes et à celle de leur tourbillon et à celles du tourbillon de leur soleil et des surfaces de cet astre, ces quatre vibrations entre les planètes et leur soleil, qui se prennent en rebroussant à la jonction des tourbillons solaire et planétaires, leur forment une quadruple barrière qui ne peut jamais leur laisser le temps de tomber par aucun côté par leur rapidité à se succéder.

Les lunes, satellites des planètes, quoique sans tourner sur elles-mêmes, ces lunes en tournant beaucoup plus court autour de l'orbe qu'elles parcourent que ne tournent les planètes autour de leur soleil, et surtout que ne tournent ces derniers autour du soleil universitaire ou central, les lunes, par la vibration de leur projection autour de leur planète qui satisfait à la loi de la pesanteur dans la proportion de leurs moindres moyens de suspension ; car, ces lunes, en tournant fort court dans leur révolution autour de leur planète, semblent tomber toujours ; car la projection d'un corps tendrait toujours en ligne droite si sa pesanteur ne le faisait se cintrer ; plus la ligne qu'il parcourt serait courbée, plus il semblerait tomber, parce qu'il tombe en effet.

Ainsi, les astres qui ont les moindres moyens de se soutenir en l'air, ont, en compensation, à parcourir un orbe plus cintré qui les fait toujours tomber.

Les planètes les plus éloignées de leur soleil, comme les hommes et les animaux des pays les plus septentrionaux les plus éloignés de la zone la plus chaude de leur planète, planètes et vivants étant dans un air plus froid, cet air comprimant davantage leur chaleur intérieure, est ce qui la rend plus chaude.

Ainsi, le feu central de Neptune doit être bien plus chaud que celui de Mercure, ce qui est nécessaire pour la vie de sa planète qui, recevant bien moins de chaleur solaire que sa petite sœur aînée, son feu central bien plus chaud doit y suppléer par les bien plus chaudes vapeurs que ses nombreuses lunes doivent attirer dans les eaux de ses mers et dans sa croûte de terre pour y entretenir la vie en refluidilisant les eaux qui sont le sang des planètes, en les maintenant toujours au degré le plus coulant pour animer leur planète, y entretenir partout le mouvement qui en empêche le dessèchement qui fait mourir les êtres vivants et les végétaux.

Cependant la planète Mars, par sa grande petitesse, doit n'avoir qu'un feu central proportionné à son volume ; ce feu peu volumineux ne doit pas avoir une intensité proportionnée à son éloignement du soleil, aussi sa rotation est lente, car son feu central moins comprimé à son centre que celui de Jupiter par exemple, doit avoir beaucoup moins d'intensité ; car, plus un foyer est grand, plus sa chaleur enfoncée à son centre y étant plus concentrée y a plus d'intensité. Aussi cette grosse planète est-elle animée d'un vif mouvement roulant, dont l'activité proportionnée à sa grosseur fait couler ses eaux plus vite en déplaçant plus vite l'aplomb de leur pesanteur, car ses eaux plus chaudes étant plus vite évaporées par la chaleur solaire, déchargent plus vite sa surface qui fait face au soleil.

Ainsi, le soleil universitaire a pour satellites tous les autres soleils qui l'aident à maintenir en l'air tout le fluide de l'Univers, qui, sans ces soleils qui en augmentent l'impulsion dans toutes les régions, ce fluide étoufferait le soleil central parce qu'il y retomberait et avec lui tous les autres soleils et leur cortége d'autres astres ; ces soleils, a leur tour, sont aidés par leurs planètes ou satellites, à maintenir autour d'eux aussi à toutes les régions le fluide de leur tourbillon ; les lunes, ou satellites des planètes qui en ont en d'autant plus grand nombre que leur tourbillon est plus grand, et surtout plus éloigné de leur soleil, où la force centrifuge de cet astre s'y trouvant trop diminuée, comme l'intensité de ses rayons de chaleur qui y auraient moins de poussée, ces planètes y ont d'autant plus besoin de s'y trouver, secondées par des lunes qui, par la vibration de leur projection autour de leur planète, ces lunes à chacune leur région activeraient la rotation du fluide de ce tourbillon qui activerait leur mouvement en leur rendant celui qu'il en recevrait, ce qui tiendrait ces petits univers en suspens dans la sphère d'un plus grand dont ils sont dépendants ; tous les grands, par leur concours, aideraient également de tous le plus grand ; car, plus le fluide d'un tourbillon aurait de vibration dans sa rotation par celle de l'astre qui en occupe le centre, et par la projection de ses satellites à différentes régions dont l'élan y augmenterait l'impulsion donnée par l'astre du centre, plus cet astre y serait maintenu, pourrait moins le traverser du côté où il doit peser.

Je vais, par d'autres exemples, mieux expliquer ma pensée : Plus une eau coulerait vite, plus elle pourrait porter lourd ; tandis qu'une eau dormante serait traversée par un moindre poids ; il en est de même de l'air qui laisse tomber ses atomes ou sa poussière que dessèche la chaude lumière solaire quand il est station.

naire, comme les eaux laissent tomber leurs limons qui sont aussi des atomes, quand elles sont dans l'inaction. Mais, plus les eaux, comme l'air, seraient agitées, auraient un mouvement plus accéléré, ces deux éléments pourraient entraîner, arracher, déraciner de plus lourds objets ; mais, lorsque comme les cyclones ils tourbillonnent, bien plus lourds encore ils peuvent les entraîner, parce que ces objets, en roulant de leur mouvement, doivent l'activer de leur élan, car tout mouvement de fluide matière tend à tourner par la résistance que lui fait le fluide dans lequel elle avance, tandis que les rayons solaires vont en ligne droite de tous les points qui les réfractent, par leur attraction vers la matière, parce que cette lumière, par sa grande subtilité, ne pesant pas dans l'air, ses rayons n'y dévient pas ; ne pouvant en être palpés, ils n'en peuvent être entraînés ; mais un corps qui pèse en dévie toujours en tombant toujours, car, en suivant une ligne cintrée, la pesanteur du corps qui l'a parcourue se déchargeant toujours de ce que ce corps s'abaisse, ce corps est bien moins lourd à porter.

Plus un corps tournerait vite, moins il devrait peser, car s'il tournait assez vite, sa pesanteur serait annulée en la lançant autour de lui également. Plus un patineur va vite, moins il pèse sur la glace, car il en franchit des parties qui crèveraient sous le quart de son poids s'il s'y arrêtait. Un wagon, par sa vitesse de projection, passerait sur son rail au-dessus d'un terrain fangeux sans s'y enfoncer ; mais une file de wagons qui se succèderaient y entretenant trop longtemps le même poids s'y enfoncerait. Tout véhicule qui court est moins lourd à entraîner, parce qu'il pèse moins sur le chemin qu'il parcourt.

Ainsi, n'est-il pas de toute évidence que par leur vive vibration autour d'un centre, les astres comme leurs tourbillons se déchargent de leur poids ; que le soleil universitaire vers lequel tout l'Univers doit peser, n'aurait pas tant à porter qu'on le pourrait supposer ; car, s'il était trop pressé, il ne pourrait plus tourner. Car, les soleils, ses satellites et leurs tourbillons qui sont entraînés par la rotation de son universel tourbillon, ces soleils et leurs tourbillons, par leur élan en cintrant, n'y pèseraient guère en l'activant, car ils ne pourraient rester en l'air s'ils n'allaient pas plus vite que cet air.

Les planètes, par les mêmes causes, pèsent peu sur leur soleil en tournant bien plus court autour. Les lunes pèsent peu sur leur planète quoique ne tournant pas sur elles-mêmes, mais en y tournant bien plus court alentour.

Car, on se figurerait difficilement que la force centrifuge du soleil universitaire, tel volumineux que l'on suppose cet astre, pourrait se répercuter dans une telle immensité pour y pouvoir maintenir à leur hauteur, en les entraînant horizontalement, tous

les astres qui y roulent ou y planent, si cette force n'était
secondée, considérablement augmentée à toutes les régions
par la force centrifuge de tous les autres soleils qui sont aussi
secondés par celles de leurs planètes, qui le sont par la projection de leurs lunes quand, ayant un assez grand tourbillon, elles
sont nécessaires à sa rotation.

Au livre intitulé : *Notions d'Astronomie*, j'ai lu l'opinion de
Newton sur la cause qui tient les planètes à distance de leur
soleil qu'il attribue aux forces centrifuge et centripète du soleil
qui maintiennent les planètes à distance où ces deux forces se
contrebalancent.

Mais comment, dis-je, Newton, qui n'admit pas les tourbillons,
pût-il jamais comprendre que la force centrifuge du soleil arrive-
rait jusqu'à ses planètes sans y être conduite par le fluide qu'en
tournant cette force met en mouvement autour de son astre. Car,
comme je l'ai dit, si cette force arrivait directement contre les
planètes, par sa pression, elle en arrêterait le mouvement tournant en l'engrenant en le prenant en rebroussant, parce que les
corps planétaires sont tout d'une pièce bosselés à leur surface : il
faut donc que la force centrifuge des planètes leur forme aussi
un tourbillon du fluide qu'en tournant cette force met en mouvement par les aspérités de l'astre autour de cet astre ; ce tourbillon, maintenu à sa distance du soleil par la force centrifuge de
cet astre, y maintient sa planète où la force centrifuge de cette
dernière arrive à balancer celle du soleil ; car ces deux tourbillons, par leur fluide élasticité, ne peuvent s'empêcher de tourner,
quoiqu'en tournant contrairement où leurs forces centrifuges se
rencontrent en se repoussant réciproquement du côté où leurs
astres se regardent.

Mais, toutes les étoiles qui doivent être autant de soleils, qui
font mouvoir aussi leur cortége d'autres astres composant chacun
leur système, comment Newton entendait-il que ces systèmes se
maintenaient chacun dans leur région ? Car, n'ayant pas imaginé
de soleil central qui est le nœud gordien du fondement du mécanisme universel, Newton partageant aussi l'idée d'un Univers
infini, il n'avait donc rien pour soutenir les étoiles ; car toute autre idée qu'un soleil central ne pouvait rien valoir ; car il faut
que, par analogie, tout s'appuie sur un centre. Ainsi, les lunes
s'appuyent par la vibration de leur projection sur la force centrifuge de leur planète, les planètes s'appuyent par la vibration de
leur projection et celle de leur rotation sur la force centrifuge de
leur soleil, il faut bien qu'à leur tour ces soleils s'appuyent aussi
sur la force centrifuge d'un soleil central, pivot du mécanisme
universel.

Ainsi, les vibrations de la rotation des astres et du fluide du
tourbillon qui les entoure, coupant dans chaque tourbillon le fil

aplomb de leur pesanteur en amoindrit notablement la lourdeur ; de sorte que le soleil universitaire n'aurait pas tant à porter que l'on pourrait s'imaginer, chaque astre se déchargeant dans son propre tourbillon par la vibration de sa rotation et de celle de son tourbillon. Je vois très-clairement mouvoir ces myriades d'astres, voguant, roulant, gravitant dans le fluide remplissant le firmament : ces astres s'y entr'aidant réciproquement, les petits recevant leur impulsion de plus grands et la leur rendant, en augmenteraient celle des grands, la leur s'y ajoutant ; car si les astres et le fluide que chacun d'eux entraîne ne pesaient vers un centre, ils ne pourraient tourner autour, car c'est en s'y appuyant qu'ils subissent l'entraînement de son mouvement tournant. Donc les centres disséminés dans l'Univers sont nécessaires pour entraîner chacun ce que renferme leur sphère en lui donnant l'élan de leur mouvement tournant, sont bien plus facilement entraînés à leur tour par un centre pivotant au centre de tous les centres en s'y appuyant ; et ce centre sur lequel s'appuyerait tout l'Univers n'est-il pas le plus nécessaire en ralliant tout autour de lui, en maintenant tout à distance, ne montre-t-il pas sa puissance ?

La lumière, le son et l'impulsion diminuent progressivement d'intensité selon l'augmentation du carré de la distance d'où ils partiraient, parce qu'en s'éloignant de ce point, cette lumière, ce son et cette impulsion ayant traversé un espace qui va s'élargissant en tous sens, le cercle en tous sens y devenant plus grand, la lumière, le son et l'impulsion y perdent de leur intensité en s'y étendant en tous sens à leurs dépens.

Ainsi, la grande difficulté que l'on aurait pu m'opposer sur l'apparente impossibilité de la communication du mouvement d'un seul astre au centre de l'Univers à de si grandes distances autour de ce centre, cette grande difficulté n'est-t-elle pas tournée par cette loi toute naturelle que je viens d'élaborer, qui veut que tout dans tout s'aide et s'entr'aide, par l'immuable vérité que la force vient de l'union, comme en vient la perfection.

Puisque l'on admet que les astres les moins volumineux doivent tourner autour des astres plus volumineux, que les lunes doivent tourner autour de leur planète, que celles-ci doivent tourner autour de leur soleil, ainsi que les comètes, est-ce que par analogie ou similitude, ces soleils qui se ressemblent, comme les planètes ressemblent aux planètes, les comètes aux comètes, les lunes aux lunes par leur forme, leur mouvement, et par ce que l'on voit à leur surface, les soleils par leur ressemblance, ne doivent avoir l'un sur l'autre aucune influence, ainsi que tous les astres qui se ressemblent ; les soleils ne doivent-ils pas aussi tourner autour d'un soleil central, pivot de l'Univers, qu'ils entoureraient, comme les planètes entourent leur soleil, les lunes leurs planètes. Ce soleil central diffère des autres soleils ses satellites, par son énorme grosseur, par la plus grande intensité de son feu, qui jette une lumière plus intense et par son mouvement qui n'est que pivotant; car sans ce soleil, centre de l'Univers, qui est-ce qui réglerait le mouvement de tous les autres soleils? qui les maintiendrait à distance? car ces soleils, comme les planètes, n'ont d'influence que dans leur sphère d'attraction; si la force centrifuge d'un soleil central, qui balance toutes les forces centrifuges des autres soleils, ne les repoussait jusqu'au point où leurs forces centrifuges la balanceraient. L'astre central, plus volumineux à lui seul que tous les autres soleils et dont la chaleur aurait une intensité proportionnée à son énorme grosseur, cet astre serait maintenu au centre de l'Univers par toutes les forces centrifuges de tous les autres soleils ses satellites, qui repoussent le fluide de leur tourbillon contre le fluide du sien, repoussé par sa force centrifuge; la force centrifuge de cet astre se trouvant balancée tout autour également, est ce qui le forcerait à tourner sur place, car son attraction sur tous les autres astres et le fluide qui l'entoure partant de ce centre, ces astres et le fluide dans lequel ils nagent, toujours attirés vers ce centre tournant, ne peuvent qu'y converger; cet astre central, en tournant sur place, augmenterait son attraction sur ce qui l'entoure en augmentant l'intensité de son feu, car il fermenterait d'autant plus que cet astre n'ayant que le mouvement tournant sur place sans mouvement avançant, son feu moins remué doit d'autant plus s'échauffer en fermentant, et par son seul mouvement tournant sur place, cet astre doit avoir une force centrifuge bien plus forte pour mettre en mouvement tout le fluide de son tourbillon, en le palpant plus directement dans un seul sens que si cette force était entravée par un autre mouvement qui viendrait la traverser.

Ce qui prouve toujours le vide à l'entour de l'Univers par l'attraction de son centre qui, attirant tout autour de lui, doit en former un tourbillon rond par sa rotation et aplati sur ses pôles.

Pourquoi faire des suppositions en dehors des faits que l'on connaît, puisqu'ils suffisent à toutes les explications? Car, tout se passe sur terre par la même loi que sur tous les autres astres de l'Univers; le feu ni la glace n'y peuvent pas plus produire la vie vivante ni la végétante s'ils ne sont réunis comme ils le sont sur la terre; car il faut tour à tour ces deux degrés opposés, l'un pour évaporer, l'autre pour raffermir ou recondenser, pour que la matière puisse s'y transformer. Mais, où il n'y a que du feu, comme par exemple au soleil, pour y diviser continuellement la matière qui doit l'alimenter, elle ne peut que s'en envoler, et où il n'y a que la glace comme aux astres lunaires, leur matière toujours figée, glacée par la pression de l'air froid qui les entoure, cette matière doit y rester ; aussi n'y a-t-il pas de force centrifuge pour la repousser.

Si l'on trouve dans la lumière solaire, en l'analysant, des matières terrestres, pourquoi ne pas croire que ce feu en vient? sans imaginer des impossibilités, comme les astéroïdes du docteur Mayer. L'hypothèse de l'alimentation du feu solaire par l'essence des matières terrestres est appuyée sur un fait matériel, évident ; tandis que l'hypothèse du docteur Mayer n'est qu'une supposition que n'appuye aucun fait connu ; le mouvement, comme la formation des astéroïdes étant encore ignorés, les pierres que l'on voit danser sur le soleil ne seraient-elles pas plutôt des scories solaires qu'en repousseraient les explosions continuelles de gaz qui s'élèvent constamment du corps de cet astre? ces scories n'y ajoutant rien, tandis que les astéroïdes supposés s'y ajoutant toujours en couvriraient la surface, de sorte qu'en tombant sur ceux déjà tombés, ils ne pourraient plus l'échauffer.

Mais les exhalaisons ou émanations de toutes les matières terrestres en décomposition, soit par la fermentation causée par la chaleur solaire à la surface de la terre ou à peu de profondeur, comme plus avant en terre par l'effet de la vaporeuse chaleur y remontant du feu central terrestre qui s'y comprimerait en s'y trouvant arrêtée par des matières qui empêcheraient la communication de l'air, et en les dissolvant en pomperait l'essence qu'elle entraînerait dans les tubes des plantes qui les aspireraient pour s'en alimenter, et à la décomposition des plantes qui s'évaporeraient dans l'air, les émanations terrestres et marines remontant aussi dans l'air par les eaux des mers des vapeurs qu'en évaporent les rayons solaires.

Plus une matière est pesante, moins, lorsqu'elle est en fusion, il doit s'en évaporer, parce que la force centrifuge de son astre à qui elle résiste, en doit moins repousser. Mais quand une chaleur extrême, comme celle que peut produire les vapeurs du feu central des planètes pénètre cette matière plus serrée, cette chaleur s'y trouvant plus comprimée, la pénétrant plus intimement, en doit davantage évaporer et entraîner, parce qu'elle la subtilise en proportion de son plus d'intensité.

Ainsi, l'essence des matières en combustion dans la croûte de terre comme à sa surface, remontant en fumée comme remontent les sécrétions que rejettent les végétaux et les animaux pour leur purification, comme remontent les émanations des matières en décomposition, comme remontent les odeurs de toutes les floraisons par le même effet de la force centrifuge ; ces diverses émanations de matières terrestres formeraient des gaz qui s'épureraient par les filtres naturels du fluide qu'ils traverseraien pour aller jusqu'au soleil ; ces gaz coloreraient la lumière qu'en brûlant ils y produiraient des diverses couleurs qu'ils y apporteraient ; cette lumière ou chaleur produite des gaz qui se forment aux planètes, y retournerait pour les animer avec la cendre ou les atomes qui s'y envoleraient pour y remplacer ceux que contenaient les gaz qui servaient de véhicule à la chaleur qu'ils contenaient. Ces gaz, divisés au feu solaire en atomes et en lumière, reviennent ainsi aux planètes pour encore en reformer des matières qu'ils y doivent décomposer, après les avoir composées, pour encore s'en envoler et pour toujours recommencer.

Descartes croyait que le feu solaire brûlait sans alimentation, en s'appuyant sur ce que le corps solaire ne diminuait pas comme diminue tout ce qui brûle s'il n'est alimenté par d'autres corps. Ne présumant pas cette alimentation, il a dû croire que le feu solaire était d'une autre nature que ceux que nous connaissons. Cependant, ayant peine à accepter cette dérogation, il ajoute qu'il entre dans le soleil quelques matières et qu'il en sort d'autres.

Sans aucun doute, dis-je, car si tous les foyers de chaleur en flammes ou en vapeurs ne vivaient qu'à leurs dépens, soit végétaux ou animaux, ou soleil ou planètes, ils seraient bientôt usés par la chaleur ou vapeur qu'ils rejetteraient s'ils n'étaient alimentés.

Voici la cause que je donne de l'alimentation du feu du soleil universitaire ou central :

Des gaz qui descendent de toutes les planètes de chaque système solaire vers leur soleil pour alimenter son feu, les parties les plus subtiles de ces gaz planétaires échappant à l'aspiration de la force centripète de ces soleils satellites du soleil universitaire ou central, ces gaz sont au contraire repoussés par la force centrifuge de ces soleils satellites vers les pôles ou les côtés de chacun leurs tourbillons, comme les repoussent tous les astres qui tournent sur leur centre, comme aussi repoussent sur leurs côtés leurs parties les plus légères les courants des rivières et des mers. Ainsi, les gaz planétaires repoussés vers les pôles du tourbillon de leur planète, d'où, par leur plus de pesanteur que le fluide du tourbillon de leur soleil ils y seraient attirés, parce qu'étant plus pesants ils y doivent tomber ; mais, les parties les plus subtiles de ces gaz planétaires moins denses que le fluide du tourbillon du soleil de ces planètes seraient aussi repoussées vers les pôles de son tourbillon qui sont aussi ses côtés par la force centrifuge de son soleil d'où ils descendraient dans le grand tourbillon universitaire, parce qu'aussi le fluide de cet universel tourbillon repoussé du foyer le plus intense de l'Univers, ce fluide, plus subtil encore que ces gaz, doit s'en laisser traverser ; ces gaz attirés par les pôles de l'astre vers son intérieur par sa force centripète d'où sa force centrifuge doit les repousser aux surfaces où cette force domine pour s'y allumer aux gaz précédemment allumés qu'ils viennent renouveler pour toujours alimenter le feu de cet astre comme le sont ceux des autres soleils.

M. Petit, directeur de l'Observatoire de Toulouse, imagine l'aliment du feu solaire, comme l'a voulu aussi Arago, par les gaz provenant des décompositions des végétaux et animaux qui peuplent la surface du soleil.

On voit que la raison ne peut comprendre un feu sans alimentation et sans déperdition. Descartes, n'ayant pu trouver un moyen d'alimentation, l'a supposé.

Descartes dit : « Que toutes les étoiles fixes, parce qu'elles » ressemblent au soleil en ce qui concerne leur situation, on ne » doit pas juger qu'elles soient toutes en la même sphère, ainsi » que plusieurs supposent qu'elles sont. »

Ainsi, Descartes les croyait dans différents tourbillons, ce qui lui permit, a-t-il dit, d'expliquer tous les phénomènes.

« Que toutes les planètes, en tournant sur leur centre, se for- » maient aussi de petits tourbillons tournant dans celui de leur » soleil comme s'en forment les objets qui nagent dans les tour- » nants des rivières. » Parce que, dis-je, dans leur révolution autour de leur soleil, les planètes sont toujours dans un tournant.

Mais, répondai-je à cet argument de Descartes, si les planètes et les tourbillons qu'elles forment autour d'elles en tournant sur elles-mêmes dans un fluide qu'elles entraînent dans leur mouvement tournant, les lunes devraient bien plus facilement tourner aussi sur elles-mêmes dans la petite ellipse qu'elles parcourent autour de leur planète ; car cette ellipse infiniment plus petite que celle que parcourt leur planète est aussi infiniment plus cintrée.

Quelle différence de courbe y a-t-il entre l'orbe parcouru par Neptune et celle parcourue par la lune la plus proche de Jupiter ? et, cependant, cette lune ne tourne pas sur elle-même, tandis que Neptune y tourne.

Mais, les soleils qui parcourent des orbes bien autrement grands autour du soleil universitaire, ces soleils, quelque éloignés qu'ils soient de ce soleil central, tournent sur eux-mêmes, quoique voguant dans un fluide bien plus subtil que celui dans lequel voguent les lunes ; car, le tourbillon dans lequel voguent les lunes est formé de matières planétaires, tandis que le tourbillon dans lequel voguent les soleils est formé de matières provenant d'un feu solaire; ce dernier fluide moins dense et tournant moins court à la distance où se trouvent les planètes de leur soleil qu'à celle où se trouvent les lunes de leur planète, ce fluide, en s'opposant moins à la marche des astres doit moins les forcer à tourner si c'était cette cause qui en était cause ; car, les objets contournant les courbes des bords rentrants des eaux des rivières, ces eaux, par leur pesanteur, opposent d'autant plus de frottement contre les bords rentrants, doivent retarder sur le mouvement des eaux plus éloignées de ces bords ; mais le contraire a lieu, puisque Mercure, quoique infiniment plus rapproché du bord rentrant, qui est le soleil, que Neptune, Mercure, quoique entraîné par un courant 92 fois plus courbé que celui qui entraîne Neptune, Mercure va pourtant 9 fois plus vite dans le parcours de son orbe que Neptune dans le sien. Ce n'est donc pas, comme l'a cru Descartes, que les astres tournent et avancent dans leur orbe, mais par l'effet de la chaleur des soleils qui fait tourner ces astres en attirant les gaz de leur intérieur en reculant par leur occident, et cette même chaleur, en y arrivant, fait tourner leurs planètes en allégeant leur surface tournée vers leur soleil des humidités qu'elle y doit évaporer ; la translation des astres étant causée par la force centrifuge de l'astre qui occupe le centre du tourbillon qui les entraîne autour de lui par le fluide qu'en tournant cet astre met autour de lui en mouvement ; cette force étant la plus grande autour de ce centre et allant diminuant à mesure de son éloignement, les astres que cette force entraîne, vont aussi de moins en moins vite en s'éloignant de ce centre tournant ; car, plus la ligne parcourue est courbée, mieux elle convient à l'impulsion, parce que l'objet lancé ou poussé tendant toujours à tomber, satisfait d'autant mieux cette tendance qu'il tourne plus court autour du point qui l'attire ; et, plus il va tombant, plus vite il descend , ce qui prouve les tourbillons qui entraînent les astres de leur sphère autour de son centre sans les y laisser tomber.

Descartes croyait que toute impulsion tend à la ligne droite, lui, l'inventeur des tourbillons, quoique l'on voie le contraire dans tout ce qu'on lance horizontalement dans l'air, qui décrit toujours une courbe qui le ramène vite à terre, parce que cette impulsion n'étant pas alimentée, diminue graduellement en cédant à la pesanteur de l'objet lancé qui, ne diminuant pas, cet objet tend d'autant plus vite à tomber.

Descartes croyait aussi, comme on croit encore aujourd'hui, que les comètes allaient d'un ciel dans un autre, ou d'un tourbillon solaire dans un autre tourbillon solaire ; mais c'est une grande erreur, car les comètes, après s'être rapprochées de leur soleil, doivent s'éloigner de cet astre jusqu'à la hauteur où leur pesanteur se balance avec la force centrifuge de leur soleil ; car, si les comètes sortaient de son tourbillon, elles ne pourraient rentrer dans un autre tourbillon solaire, qui sont tous très-distancés à différentes hauteurs dans le grand tourbillon universitaire, afin qu'ils ne puissent se toucher, ni même s'influencer par leur mouvement qui, s'il était trop près, pourrait s'y répercuter. D'ailleurs , chaque tourbillon étant repoussant par sa force centrifuge qui règne surtout à son équateur, et attirant par sa force centripète qui règne surtout à ses pôles, ce que la première repousse à l'équateur, la seconde le réattire à ses pôles.

Selon Descartes, les taches du soleil seraient produites par les écumes de la matière qui y boue. Descartes voyait donc le feu flambant du soleil comme je vois le feu vaporeux de la terre. Les écumes à leur endroit arrêteraient la lumière que produirait l'excessive chaleur de la matière qui bouillirait, comme le feu central terrestre produit les aurores boréales par la lumière qu'il exprime par ses pôles, quand une plus grande pression polaire vient la comprimer davantage.

Si c'était d'une matière en ébullition que se produirait la lumière solaire, est-ce qu'elle serait si claire, s'exprimant de la vapeur d'un fluide qui bouillirait? Les aurores polaires qui s'expriment d'une brûlante vapeur ont aussi toutes les couleurs.

Descartes attribue la courbure et le redressement des queues des comètes au mouvement du fluide qu'elles traversent.

Cette opinion est contraire à la rotation du fluide des tourbillons, car les tourbillons solaires, pressés entre le courant du grand tourbillon universitaire, doivent être de forme elliptique comme les tourbillons planétaires, mais non de la forme de l'orbe allongée que parcourent les comètes, car ces astres tomberaient directement sur le soleil, si la force centrifuge de cet astre ne les repoussait vers les pôles de son tourbillon, qui doit être fort aplati dans leur sens; le noyau des comètes toujours tourné vers leur soleil, prouve leur tendance à tomber sur cet astre, car elles y tombent en biaisant par un côté comme elles en remontent; de sorte que la ligne qu'elles parcourent est peu cintrée sur les côtés de leur orbe, et se cintre de plus en plus en s'approchant du soleil, parce qu'elles contournent cet astre à peu de distance, comparée à l'incommensurable distance dont elles s'en éloignent, car la force centrifuge du soleil laisse s'approcher les comètes de cet astre jusqu'à la hauteur où ses rayons de chaleur, les allégeant en les fondant, cette force, n'en étant plus forcée, les éloigne de cet astre en les pouvant repousser.

Descartes attribuait la cause de la pesanteur à la pression de l'air qui entoure les astres, qui tournent sur leur centre; il aurait pris cette idée par la comparaison de la goutte d'eau qui est ronde.

Mais, dis-je, cette goutte d'eau est ronde par l'effet de l'attraction de la chaleur qui occupe toujours son centre, s'y étant exprimée par la transition que lui cause l'air qui l'entoure: cette attraction de la chaleur du centre attirant également l'eau qui l'entoure en arrondit le pourtour.

Cette définition de Descartes, de la pesanteur sur les astres qui tournent sur eux-mêmes, est contraire à ce qui existe; car, ces astres, en tournant, empêchent la pression de l'air en le repoussant sans cesse par leur surface hérissée d'aspérités. Cette définition serait bonne pour les lunes qui ne doivent leur parfaite rondeur qu'à la pression continuelle du fluide qui les entoure, tandis que les planètes étant aspirées par l'air que repousse leur force centrifuge, surtout à leur équateur où cette force est la plus grande, leurs zones polaires, au contraire, pressées par leur air qu'y attire leur force centripète qui y domine, ces deux forces contraires leur donnèrent en les formant une forme sphéroïdale au lieu d'une forme sphérique.

Ainsi, le novateur des tourbillons aurait avancé des faits qui, au lieu de les produire, les empêcheraient, tant il est vrai que l'erreur accréditée agit encore sur ceux qui veulent la réformer, car, comme la mauvaise herbe, elle est difficile à déraciner.

On doit à Descartes d'avoir mis, par ses tourbillons, sur la voie de la cause de la pesanteur que Newton n'a pu définir, en réfutant les tourbillons qui, seuls, en donnent la raison. Car, comme je l'ai déjà dit, la pesanteur des corps qui s'exerce d'autour des astres qui tournent sur leur centre vers ce centre est causée par leur force centrifuge qui repousse de son astre tout ce que par sa vibration cette force en peut repousser, ce qui produit son tourbillon : tout ce que cette force repousse de son astre ne doit-il pas tendre à y retomber ? attiré par la rareté de l'air moins pressé contre la surface de l'astre, surtout à son équateur, par l'effet de la force centrifuge où cette force est la plus grande ; ce que repousse cette force est aussi réattiré par la force centripète, surtout à ses zones polaires où cette force domine, comme à sa surface arrivée dans la nuit où l'air est attiré par l'attraction du feu central de la planète ; car, ce feu central doit lancer son rayonnement de chaleur à l'opposé du rayonnement solaire, ce rayonnement du feu central doit attirer l'air plus condensé de la nuit contre la surface du globe, cette surface la plus élevée par rapport au soleil toujours chargée par l'air plus dense de la nuit qui s'y appuie, tandis que la surface du jour qui lui est opposée, toujours déchargée des humidités qu'y évapore le rayonnement de la chaleur solaire que doit d'autant plus facilement repousser la force centrifuge du globe dans ce subtil rayonnement qui l'absorbe, la planète, toujours rechargée par sa surface de la nuit, et toujours déchargée par sa surface du jour, ne doit-elle pas tourner, puisque son côté le plus lourd étant toujours le plus élevé, doit basculer le plus léger qui est le plus abaissé ?

Tout animal s'est formé d'un œuf renfermant un globe sphérique comme est la terre, entouré d'un glair de forme elliptique comme l'atmosphère qui entoure la terre, et dont l'élasticité, comme celle de l'atmosphère, doit préserver le globe comme l'atmosphère préserve la terre des chocs qui pourraient la blesser.

Quelle similitude entre un œuf et la terre, qui prouve, que comme un œuf, la terre a été déposée par son atmosphère comme l'œuf par son glaire !

Je place ici quelques faits physiques et chimiques dont je crois avoir trouvé la cause.

La science dit : « Que l'eau a la propriété physique d'atteindre son maximum de densité à quatre degrés au-dessus de zéro. »

J'explique ainsi la cause de ce fait :

Pour atteindre son maximum de densité à quatre degrés au-dessus de zéro, il faut que l'eau ait été exposée à un air lourd d'humidité qu'elle aurait absorbée ; car, partant de ce maximum de densité, que l'eau absorbe un air chaud ou un air froid qui élèverait ou abaisserait son degré de chaleur, cette eau sera plus légère, car l'air chaud qui la fait gonfler de son esprit, la rend volume pour volume plus légère ; il en est de même de l'air froid qu'elle absorberait, cet air, par sa sécheresse, la rend plus légère en la faisant aussi gonfler du volume qui y pénètre, en diminue aussi le poids.

L'eau bouillante est plus légère que l'eau fraîche, parce que plus de chaleur y aurait pénétré, aussi la fait-elle gonfler ; et ce gonflement, si on veut le comprimer, oppose une résistance capable de tout repousser. La glace est aussi plus légère que l'eau non glacée, volume pour volume, parce qu'un air desséché par la pression qui le refroidit en en exprimant l'esprit, cet air de son volume la ferait aussi gonfler en la glaçant, avec la même puissance pour vaincre la compression qui s'y opposerait que l'eau gonflée par l'évaporation s'oppose à cette compression, car une force qui pousse toujours sans jamais reculer, si peu qu'elle pousse à la fois, doit finir par déplacer les objets très-pesants, parce qu'en poussant toujours sans désemparer, sa poussée s'ajoutant toujours à sa poussée, cette incessante addition de force doit vaincre de lourds fardeaux qui ne peuvent lui résister, parce que cette force qui s'ajoute toujours n'est pas limitée, car tant que dure l'évaporation ou la congélation, elle doit toujours augmenter.

La science dit : « La force expansive de l'eau qui se glace est évaluée à une poussée de mille kilogrammes par centimètre carré de surface pressée. »

Cette force est sans doute plus grande que celle produite par l'explosion de la poudre ou de la foudre qui viennent se briser contre un corps qu'elles ne peuvent ébranler, et que l'expansion de l'eau qui se glace déplacerait, parce que ce déplacement se ferait lentement et graduellement.

La jeune plante qui pousse de même manière, c'est-à-dire lentement et graduellement, cette jeune plante, malgré sa fragilité, soulève une motte de terre qui semble devoir l'écraser.

La force qui d'un seul coup se dépense, doit, par contre-coup, reculer de l'obstacle qui lui a résisté, ce qu'on appelle choc en retour ; mais la force qui, sans désemparer, sans jamais reculer, et uniformément, je dirai opiniâtrement, repousserait cet obstacle imperceptiblement, le ferait reculer sans cesser d'avancer.

« Douceur et persévérance font bien mieux que violence. »

AUTRE FAIT PHYSIQUE

Si on applique un papier sur l'eau dont un verre serait plein, que ce papier l'y renfermerait hermétiquement en empêchant la communication de l'air libre du dehors que met en mouvement la force centrifuge de la terre en le repoussant constamment de sa surface en remontant ; car, ce qui cause la pesanteur des corps, comme je l'ai dit en maints endroits, c'est que le fluide repoussé de terre par sa force centrifuge doit tendre constamment à y retomber. L'eau renfermée hermétiquement dans le verre n'obéissant plus à la pesanteur terrestre, dont l'air repoussé par sa force centrifuge ne la pouvant plus repousser en ne pouvant plus la palper, cette eau ne doit plus tendre à tomber en ne s'appuyant plus sur l'air repoussé par la force centrifuge, parce que cette eau ne communiquant plus avec cet air du dehors, ne peut plus se séparer du fond du verre, parce que l'air du dehors n'y peut plus arriver pour remplir le vide qui s'y ferait ; cette eau adhère partout au verre et au papier, le tout alors ne formant plus qu'un corps.

Un jour, l'un de mes enfants buvant à même d'une bouteille, en a fait crever le cul, car, en aspirant le liquide qu'elle contenait, il aurait entouré le goulot si hermétiquement que l'air extérieur n'aurait plus pu s'introduire dans la bouteille pour y remplir qui s'y serait fait si le liquide avait pu en sortir ; mais, l'aspiration de l'enfant étant devenue excessive par les efforts qu'il fit pour décoller ses lèvres du goulot . cette aspiration ou succion toujours augmentée, finit par devenir assez forte pour attirer à elle le cul de la bouteille.

AUTRE FAIT PHYSIQUE

Des savants, pour étudier les effets du son en l'air, sont montés dans un ballon, et y auraient constaté que le son remontait de terre en l'air dans un ordre contraire à son mouvement horizontal contre terre où les sons les plus aigus s'y font les premiers entendre à même distance que les sons graves. Ainsi, le son grave du trombone arrive à même distance en l'air avant le son aigu du fifre, tandis qu'horizontalement contre terre le son du fifre arrive le premier.

Voici la raison que je donne de cette contradiction :

Le son grave du trombone sortant plus volumineux du large évasement de son instrument, et étant moins dense en proportion de son volume que le son aigu du fifre beaucoup plus resserré à la sortie étroite de son petit instrument ; le son plus volumineux du trombone et relativement bien plus léger est aussi plus avantageusement repoussé en l'air par la force centrifuge qui emploie davantage d'air pour le repousser que le son plus fin et plus dense du fifre que moins d'air embrasse, et qui doit, par son plus de densité, s'élever moins vite en l'air ; tandis qu'horizontalement en rasant la terre, ce son aigu plus perçant, parce qu'il est plus fin, arrive le premier et se porte plus loin ; car, par sa finesse et sa densité, il doit percer l'air avec plus de célérité que le son large et léger du trombone beaucoup plus volumineux, et qui n'étant pas dans ce sens horizontal poussé par la force centrifuge, ce son doit, en écartant plus d'air en n'allant pas dans son sens, y avancer plus lentement que le son de fifre qui en écarte bien moins, et qui, étant plus perçant, plus frappant, les échos se le renvoient plus longtemps.

Le bruit ou son du canon courant horizontalement sur terre s'y entend de bien plus loin que celui de la foudre en l'air, qu'y maintiendrait en partie la force centrifuge en palpant ce gros et sourd bruit sortant d'un bien plus large conduit ; ce son n'arrive donc sur terre que bien diminué, tandis que le son du canon lancé en rasant la terre, s'y prolonge bien plus loin, de plus denses échos devant l'y répercuter

Quand la foudre éclate contre la terre, son bruit y est aussi plus perçant, mais comme il n'est pas lancé horizontalement, mais lancé verticalement, ce bruit, quoique très-éclatant, ne se prolonge pas autant que le bruit du canon. parce que, en montant, il n'aurait d'échos que l'air pour le répercuter.

Le rôle important que joue la force centrifuge dans tous les faits physiques et chimiques n'ayant pas été aperçu par les savants, est la cause qu'ils en ignorent la cause.

AUTRE FAIT PHYSIQUE & BOTANIQUE

Voici comment j'explique la découverte de M. Wels :

« Que les corps à la surface de la terre peuvent pendant la

nuit, mais seulement par un temps clair, passer à une température bien plus basse que celle de l'atmosphère. »

Sans doute, dis-je, parce que pendant la nuit où l'atmosphère s'appuie d'autant plus sur terre qu'elle y est attirée par la force centripète ou l'attraction du feu central qui y lance son rayonnement de chaleur, et que l'atmosphère étant moins humide serait plus claire, parce que la force centrifuge de la terre pouvant moins la palper, étant plus subtile, pourrait moins la repousser. La plus grande pression de cette claire atmosphère ayant lieu contre les corps qui l'arrêtent à la surface de la terre, ces corps plus pressés par elle qu'ils ne la peuvent presser, parce que par son élasticité elle peut toujours remonter et se remplacer, par conséquent moins se presser contre ces corps en s'y pressant moins longtemps ; tandis que ces corps de plantes reposant sur la surface de la terre où ils adhèrent, ne pouvant descendre comme l'atmosphère peut remonter pour amortir la pression de l'air qui les presse sans discontinuer, ces corps plus pressés par l'air qu'ils ne peuvent le presser, doivent être plus froids que cet air, parce que la pression de l'air produirait le froid des corps en en exprimant la chaleur que cet air doit pomper et s'en échauffer.

Arago prétendait que les plantes exposées à la lumière de la lune, c'est-à-dire sous un ciel serein, peuvent se geler quoique la température de l'atmosphère soit élevée à 4, 5 et 6 degrés. — Cette prétention d'Arago s'explique par la même raison que je viens d'avancer, car la plante fixée au sol ne peut non plus se soustraire à l'incessante pression d'un air qui, se renouvelant sans cesse, la pressant toujours, en absorbe la chaleur et atteint par conséquent un degré plus élevé.

Les jardiniers prétendent, car chacun ici bas a sa prétention, les jardiniers donc prétendent que la lumière de la lune roussit les jeunes plantes, mais, toujours quand le ciel est serein, quoique l'atmosphère soit à plusieurs degrés au-dessus de zéro. — Les jardiniers ont raison, car leur vieille expérience ne peut être mise en suspicion, car elle a provoqué la science qui n'en peut encore donner la raison, qui est la même qu'aux articles précédents.

Ainsi, je dirai pour la donner, que la froide lumière lunaire attirée par les chaudes vapeurs du feu central de la terre qui en sont attirées ; cette froide lumière descendant par rayonnements sur terre, modérant le mouvement horizontal de l'atmosphère en le traversant perpendiculairement, l'entraîne dans son mouvement descendant, ce qui la fait d'autant plus s'appuyer sur la terre. Les jeunes plantes présentant leurs tendres bourgeons pendant cette précoce saison à cet air refroidi par la glaciale lumière lunaire à qui elles ne peuvent échapper, car, fixées au sol, elles ne peuvent descendre pour en amoindrir la pression et la pénétration : présentant leurs grasses corolles à cette sèche lumière, celle-ci les dessèche en pompant leur grasse sève, ce qui les roussit, car la froidure comme la chaleur excessives en pompant la graisse vivante comme la végétante, les roussissent ; témoins les peuples septentrionaux, qui ont la peau rousse ou noire comme les méridionaux ; car, de la graisse fondue dans la plante comme dans la chair qui seraient exposées à ces deux extrêmes degrés, ils n'en doivent laisser que la noire matière, car la chaude lumière qui la tenait humide en serait pompée.

Voilà pourquoi la jeune plante est plus froide que l'air clair de lumière lunaire, car cet air s'échauffe en la refroidissant de la chaleur qu'il lui prend, comme il s'échauffe de celle de tous les autres corps de la surface de la terre en y adhérant.

AUTRE FAIT PHYSIQUE

L'aiguille aimantée de la boussole est toujours à l'équateur dans une position horizontale, s'y trouvant à égales distances des pôles ; cette aiguille d'horizontale à l'équateur, arrive en se redressant graduellement, verticale au pôle où est arrivée la boussole.

Ce graduel redressement de l'aiguille de la boussole a lieu par l'attraction du feu central de la terre dont les vapeurs son imprégnées de son fer sur l'aimant de cette aiguille ; cette attraction qui, de l'équateur, est égale vers les deux pôles, y tient l'aiguille horizontale ; cette attraction augmentant en allant vers le pôle où avance la boussole, et allant diminuant d'autant du côté de l'autre pôle, est la cause que l'aiguille se redresse de plus en plus par son bout le moins attiré pour s'abaisser de plus en plus par son bout le plus attiré vers le centre de la terre, ce bout faisant face à ce centre en arrivant au pôle ; car, l'attraction sur l'aimant de l'aiguille de la boussole est la plus grande aux pôles, je pourrais dire qu'elle part de ces deux points, parce que ces pôles communiquent directement au feu central par les eaux de leurs mers, puisque ce sont ces eaux qui forment ce feu vaporeux en y fermentant.

FAIT CHIMIQUE

L'eau froide coulant dans un tube de laiton placé dans un tube de porcelaine porté à une haute température pour y décomposer l'acide carbonique ; les molécules d'oxide de carbone s'en élevant rapidement, viennent se coller en se refroidissant autour du tube de laiton.

Sans doute, dis-je, parce que ces molécules d'oxide de carbone doivent se précipiter par leur attraction vers l'eau froide pour y confondre leurs degrés si différents, qui les fait adhérer sur le tube de laiton en les y congélant, par la transition que l'eau froide leur fait éprouver, comme l'air tiède des maisons se congèle en temps d'hiver contre les carreaux de vitres par la transition qu'il doit éprouver de l'air glacial du dehors à travers le verre.

Plus les degrés sont différents, plus l'attraction qui tend à leur réunion est grande.

Cette congélation contre les carreaux de vitre se fait surtout contre les bois qui les entourent, parce que ces bois, arrêtant l'air du dehors comme du dedans qui vient se presser contre les carreaux, plus d'air s'agglomérant contre les bois en y glissant, et plus de pression y existant, y causent plus de congélation.

AUTRE FAIT CHIMIQUE

La chimie dit textuellement :

« Si l'on touche avec les doigts un morceau de métal très-refroidi, on éprouve une cuisante sensation de brûlure, tellement, que si la vue n'avertissait du contraire, on croirait avoir saisi un morceau de fer rougi au feu. La peau se désorganise et se gonfle en empoule absolument comme à la suite d'une brûlure. Un froid trop vif brûle comme une chaleur trop forte (aussi, comme je viens de le dire, les septentrionaux ont-ils la peau brunie comme les méridionaux), ou plutôt puisque le froid n'est qu'un degré inférieur de température, c'est la chaleur qui nous brûle aussi bien lorsqu'elle est trop faible que lorsqu'elle est trop forte. »

Mais, demandai-je, quand elle est tiède, que fait-elle ?

Je me réponds rien, car, étant alors du degré de la chair, n'y ayant pas d'attraction, il n'y a pas de pénétration, conséquemment pas d'impression.

Ainsi, la sèche chaleur d'un brûlant métal par son contact avec l'humide chair que baigne le sang ; cette chaleur attirée par le sang qu'elle attire, s'y précipite par ses fins rayons ; ceux-ci, en traversant les chairs, y causent une vive douleur par leurs mille piqûres qui doivent les décoller ; cette chaleur se mêlant au sang en cause le gonflement de son volume, ce qui augmente la douleur par la déchirure des chairs et ce qui cause l'ampoule par le sang arrêté et décomposé par le trop de chaleur qui l'a fait gonfler.

La sèche froidure d'un métal glacé produit les mêmes phénomènes sur la chair vivante qu'un métal brûlant, car ses fins rayons de froidure attirés aussi par le sang qu'ils attirent, ces fins rayons glaçants traversant les chairs pour se mêler aussi au sang, qui ne peut aller au métal glaçant ni au métal brûlant, ces fins rayons glaçants traversant les chairs, y causent les mêmes piqûres, les mêmes déchirures et les mêmes ampoules par le gonflement qu'ils causent aussi au sang en s'y mêlant et qu'ils décomposent en l'arrêtant dans son mouvement.

L'ampoule produite par l'extrême chaleur comme par l'extrême froidure, bleuit et noircit comme la plante jaunit exposée à un trop chaud degré ou à un degré trop froid, ce qui prouve que ces deux degrés opposés ne laissent de la plante comme de la chair que leur matière.

AUTRE FAIT CHIMIQUE

« Si, dit la chimie, dans une dissolution de potasse on verse de l'acide sulfurique ni trop ni trop peu, le point est atteint quand la liqueur ne bleuit pas le papier de tourne-sol rouge et ne rougit pas le papier de tourne-sol bleu ; on obtient par leur mélange une poudre blanche si l'évaporation a été rapide, et de beaux cristaux transparents si l'évaporation s'est effectuée seule. Cristaux et poudre blanche sont même chose sous des aspects différents, la matière est la même au fond. Or, cette matière, résultat de l'association de l'acide sulfurique et de la potasse, le premier d'une aigreur intolérable au dernier point, la seconde d'une causticité qui rivalise avec celle d'un charbon ardent, ces deux substances mélangées n'ont plus de saveur ou peu s'en faut, acidité et causticité ont disparu ; de deux substances redoutables, une autre est née inoffensive, l'acreté mordante, la saveur corrosive, ont engendré l'insipide. La réunion de deux violents poisons, au lieu de doubler leurs propriétés malfaisantes, peut faire en commun une chose inoffensive, mieux que cela, salutaire quelquefois. Les deux, groupés ensemble, constituent quelque chose que l'on peut garder sur la langue sans rien éprouver. »

C'est, dis-je, toujours l'attraction qui tend à tout égaliser, à tout ramener comme avant le temps. Que les choses les plus diverses en se mêlant s'annulent réciproquement leurs qualités.

Ainsi, l'aigreur, par sa qualité piquante, est pénétrante ; la chaleur, par sa sécheresse, est attirante ; y a-t-il à s'étonner qu'en se rencontrant, ces deux corps se mêlent intimement pour n'en plus faire qu'un ; chacun d'eux se prenant et se donnant ce qui les fait différer, aigreur et chaleur ne peuvent plus exister.

AUTRE FAIT CHIMIQUE

L'expérience chimique, sans en donner la cause, n'a pu faire mêler le marbre au sucre.

Je n'en suis pas étonné, car le marbre ayant été déposé comme toutes les autres pierres que la chaleur de la terre n'a pas transformées en métaux en en purifiant la matière en la fondant ; le marbre ayant été déposé par les eaux des mers qui, à leurs limons, auraient mêlé leurs coquillages qui s'y seraient pétrifiés, et que les eaux auraient durci par leur va et vient (comme la truelle du maçon durcit son mortier) en en exprimant l'humidité qui contient l'esprit ou la chaleur qui le fluidilise. Aussi, le froid du marbre n'en décèle pas, tandis que le sucre étant l'esprit exprimé des plantes en contiendrait beaucoup, car les végétaux ayant été formés d'une matière évaporée par la chaleur solaire, la matière des végétaux contenant par intussusception cet esprit chaud que l'on en exprime pour en former le sucre qui se cristallise en se séchant par la grande quantité de chaleur qu'il contient, et qui fond comme le sel formé aussi de chaleur, par son contact avec l'eau plutôt qu'avec le vin, parce que le vin contenant comme lui de l'esprit chaud, n'en diffère que parce qu'il est humide et le sucre sec. Le mélange du sucre avec les liquides s'opère par l'attraction de la sèche chaleur, qu'il contient sur leur humidité qui le dissout en en séparant les atomes dont toute matière est formée, tandis que le marbre qui n'a pas été formé par la végétation, mais par la pression qui exprima de lui tout ce que l'eau qui le baignait contenait d'esprit. Le marbre n'en contenant pas, ne peut avoir d'attraction vers aucune autre matière ni aucune matière sur lui, car l'attraction entre deux corps n'a lieu qu'à la condition que l'un soit attirant ou aspirant et l'autre pénétrant ou s'expirant. C'est la vie de la nature causant les transformations, qui font que les corps se composent de diverses substances et ensuite se décomposent quand l'attraction qui les avait unis cesse avec leur vie.

AUTRE FAIT CHIMIQUE

« Dans un mélange réfrigérant de glace et de sel marin le degré de la chaleur de la glace au contact de l'eau qui se solidifie au contact de la glace, s'abaisse rapidement de 12° au-dessous de zéro ; tandis que l'eau se maintient fixe au-dessous de zéro tant qu'elle n'est pas entièrement congelée, où alors elle descend au même degré. D'où vient cet étrange retard ? l'eau s'échaufferait-elle par cela même qu'elle se congèle ? Y aurait-il ici quelque source de chaleur qui nous échappe, puisque en devenant glace, l'eau résiste à l'action réfrigérante du mélange et se maintient à zéro lorsqu'elle devrait descendre à une douzaine de degrés plus bas ?

Je vois cette source de chaleur dans l'eau elle-même, car à mesure que cette eau se congèle, sa chaleur en recule, repoussée par la transition que lui cause la glace qui gagne vers elle ; mais, cette chaleur, toujours resserrée par la transition que lui cause la glace qui la fait reculer, cette transition finit par en arrêter le mouvement en l'étouffant en la glaçant. Voici pourquoi la température de l'eau reste la même pendant toute la durée de sa solidification.

Les eaux des rivières au rapide courant se glacent plutôt à leur fond qu'à leur surface, car, à leur fond, leur frottement y modérant leur mouvement, leur permet d'y déposer l'été et de s'y glacer l'hiver. La pression de l'air libre qui en cause le glacement, en forçant l'air des eaux à s'exprimer en descendant, cette pression de l'air libre se répercutant jusqu'au fond des eaux par leur air qui y descend, les eaux du fond pressées entre leur air et la terre doivent se glacer.

Tandis qu'à leur surface, où est leur moindre frottement, si ce n'est contre leurs bords où elles se gèlent d'abord, les eaux, à leur surface, y prenant leur plus grand élan coulant, en décolleraient toujours leurs molécules qui, ne pouvant se souder, ne pourraient donc se glacer.

La matière aurait besoin d'un moment de réflexion, prendre ses dispositions pour se pouvoir transformer.

La tempête est toujours précédée du calme qui est une fermentation d'où doit jaillir l'explosion.

Le malade est plus tranquille par la même fermentation, précurseur de l'agonie qui terminera sa vie par le dernier éclair ou lueur de sa chaleur qui se meurt.

SUR UNE EXPÉRIENCE CHIMIQUE

« Après avoir fait dissoudre de l'alun dans le moins d'eau possible dans un ballon de verre, et que l'on ferme le goulot avec un bon bouchon graissé de suif ; quand, pour le laisser refroidir, on le retire du feu en le déposant dans un lieu tranquille, graduellement il y cesse de bouillir en se refroidissant ; tout est fluide et clair et froid comme de l'eau ordinaire ; mais, si on débouche, le liquide se congèle brusquement, se prend en bloc solide, presque de la dureté de la pierre, et, chose plus singulière, pendant cette brusque solidification, le ballon et son contenu s'échauffent jusqu'à communiquer à la main une chaleur très prononcée. De la chaleur sans foyer, rien qu'en débouchant la vase. Que se passe-t-il donc ? Le liquide redevient solide, et par suite, il dégage à l'état sensible de la chaleur latente employée à la fusion de l'alun dans l'eau. »

Oui, dis-je, c'est bien cette même chaleur qui se ranime sitôt le vase débouché, car le peu d'eau qu'on y a mis s'en est envolé à mesure qu'en bouillant elle dût s'évaporer ; mais la matière de l'alun doit rester liquéfiée et claire tant que le ballon qui la renferme n'est pas débouché. Mais pourquoi qu'en débouchant, cette chaleur étouffée doit se ranimer ? Ce que l'auteur ne dit pas, je vais le dire à sa place ; cette chaleur étouffée faute d'air se ranime sitôt qu'on l'expose à l'aspiration de l'air libre repoussé de terre par la force centrifuge du globe sitôt qu'elle y communique. Car, cette force rétablit l'équilibre partout où elle peut agir. Ainsi, elle abandonne à sa pesanteur la matière de l'alun qui la force et descend au fond du ballon ; mais, cette force pouvant aspirer le fluide qui aurait dissous l'alun, cet alun aide ici à ce mouvement remontant, car en descendant en se pressant en se soudant il fait remonter cette chaleur en l'exprimant ; cette expression jointe à l'aspiration de l'air en cause la réanimation. Tandis que l'alun et la chaleur qui l'auraient liquéfié se trouvant tout à coup séparés du domaine de la force centrifuge en les renfermant hermétiquement, tout reste dans l'état où il se trouvait dans l'ébullition où tout se mêlait, la force centrifuge ayant aussi causé cette ébullition aussi par son aspiration. Tant que le ballon est bouché, la chaleur qu'il renferme, doit graduellement s'éteindre, n'y étant plus animée par la force centrifuge de la planète qui est sa vie, et de qui dépendent toutes les transformations.

Dans toutes les expériences que l'on essaie sur terre on ne tient aucun compte de l'intervention de sa force centrifuge qui agit sur toutes les matières qu'elle peut palper ou aspirer. Car, cette force n'ayant plus d'action sur l'eau renfermée hermétiquement dans un verre par un simple papier, on peut renverser ce verre sans que l'eau en tombe ; comme l'alun reste fluide dans la chaleur refroidie qui l'aurait dissous sans se déposer, quoique beaucoup plus pesant que cette chaleur tant que la force centrifuge n'y a plus d'accès. Mais, sitôt que cette force y reprend son empire, elle replace les matières refroidies chacune à la hauteur, selon leur degré de pesanteur.

Sans l'astronomie, on ne peut connaître à fond la chimie ni aucune science naturelle qui, toutes, dépendent d'elle.

SUR L'OPTIQUE

Un opticien se propose de construire un télescope monstre qui rapprocherait l'intervalle qui sépare la lune de la terre de 280,000 kilomètres. Mais, une seule chose inquiète pour la réussite de ce projet magnifique ; car, à mesure qu'on rapproche les planètes en employant de plus forts grossissements, la lumière dont ces astres sont éclairés devient insuffisante, et l'image que l'on obtient au jour de la lunette finit par être tout à fait obscure.

Voici comment j'explique ce fait :

Cette obscurité qui nous cache l'astre aurait lieu parce que le fluide qui nous en sépare, et qui, quoiqu'on dise, est rempli d'atomes, ce fluide matérialisé éprouvant d'autant plus de resserrement que le rapprochement est plus grand ; car, pourquoi ne se rapprocherait-il pas comme l'objet qu'on vise ? Ce resserrement apparent du fluide partant de l'astre observé le condensant jusqu'à l'examinateur, rendrait ce fluide plus sombre, car ce fluide ainsi resserré d'une si grande hauteur dans quelques lieues d'épaisseur, doit singulièrement s'assombrir ; tandis que la lumière qui éclaire la lune n'ayant aucune épaisseur ne peut, par le rapprochement, augmenter d'intensité, ce qui empêcherait notre vue de percer jusqu'à la lune. Notre rayon visuel allant toujours s'agrandissant sur tous les sens en avançant dans l'espace, serait cause que les objets qu'il viserait se rapetissent en apparence en proportion qu'il s'agrandit ; car, ce rayon visuel ne les juge que par lui, selon que leurs dimensions dépassent ou n'emplissent pas ce rayon. Ainsi, il les voit d'autant plus petits qu'ils n'en occuperaient qu'une moindre partie, que ce rayon s'étendrait dans plus d'espace autour des objets qu'il viserait ; et, il les aperçoit d'autant moins distinctement qu'il perd en intensité ce qu'il gagne d'élargissement, car les objets qui, par leur grosseur, seraient visibles à la distance où ils sont de notre vue s'ils étaient assez brillants, y deviennent invisibles en ne brillant pas assez, parce que le rayon visuel embrassant un trop large espace à leur endroit en y arrivant, n'a plus assez d'intensité en s'y étendant à ses dépens pour apercevoir ces objets trop éloignés pour leur clarté.

Ainsi, quand par assez de rapprochement, la grosseur de l'astre embrasse toute la largeur du rayon visuel, c'est le plus gros qu'on le puisse voir, car s'il était plus rapproché, dépassant alors la largeur de ce rayon, on n'en verrait qu'une partie, parce que son horizon pour nous en serait d'autant resserré. Ainsi, quand même nous verrions cet astre malgré le grand rapprochement qui le mettrait à trente-deux lieues de la terre, nous le verrions d'autant plus petit qu'il serait plus rapproché, puisque son horizon visible diminuerait de largeur en proportion comme ce plan l'indique.

Le tiers du disque de la lune seulement vu de terre par l'effet de son trop grand rapprochement où elle se trouve au zénith, car on verrait un plus grand disque au lever et au coucher de cet astre, ce qui arrive en effet, comme pour le soleil ; mais, je l'attribue aux quatorze cents lieues de plus d'épaisseur de claire atmosphère qui représenteraient un verre convexe plus épais à travers lequel nous verrions ces astres plus gros.

La lumière de la lune pressée entre la surface glacée de cet astre et l'air glacial qui l'entoure, cette lumière doit s'exprimer d'entre ces deux pressions et pâlir par la transition qu'elle y doit éprouver. Aussi l'ombre sous la lune sur terre est, ainsi que l'a dit Timothée Trimm, comme découpée avec des ciseaux ; parce que cette lumière morte qui nous vient de la lune ne pétillant pas en arrivant sur la terre comme y pétille la vivante lumière solaire, ne peut, comme cette dernière, éclaircir les bords de l'ombre en y avançant par son mouvement pétillant.

J'ai lu sur le *Guetteur* de Saint-Quentin, du 3 janvier 1875, les curieux détails qui suivent sur la formation et les effets de la neige :

« La neige n'est pas un amas informe de glace, ses flocons blancs ne sont pas de simples petites masses d'eau solidifiées.

Les molécules aqueuses de l'atmosphère que le froid condense se groupent, suivant des lois fixes, en étoiles hexagonales ; d'un noyau central sortent six aiguiles formant deux à deux des angles de 60°.

De ces aiguilles principales s'élancent à droite et à gauche des rameaux plus déliés, traçant à leur tour avec une infaillible fidélité, leur angle de 60°. Sur cette seconde série d'aiguillettes, s'embranchent de nouveaux ramuscules; les véritables fleurs à six pétales prennent les formes les plus variées et les plus merveilleuses, elles sont dessinées par la plus fine des gaze et ornées à leurs angles de rosettes de dentelle d'une ténuité et d'une délicatesse exquises.

Avec le premier microscope venu, il est facile d'admirer ces beautés de l'infiniment petit.

On peut faire quelques expériences curieuses avec la neige.

On sait combien la neige se tasse facilement; quand on la serre entre les mains, elle passe à l'état de glaçon et devient dure. Faites ainsi des glaçons et jetez-les dans une cuvelle pleine d'eau chaude, vous les verrez se rapprocher et se souder ensemble, malgré la température élevée de l'eau.

On peut, avec un glaçon servant d'aimant, retirer tous les glaçons de la cuvelle; les morceaux se soudent au contact. C'est Faraday qui a découvert en 1850, ce singulier phénomène, connu maintenant sous le nom de regélation. La neige durcie au contact, se regèle et se soude presque immédiatement.

On peut produire en quelques secondes ainsi un chaînon glacé avec des morceaux de diverses grosseurs. Le phénomène de la regélation explique la rigidité extraordinaire des points de neige que l'on voit suspendus dans les Alpes. En marchant sur ces points, on soude les particules et l'on transforme la neige en glaçons.

On remarquera aussi qu'un bloc de neige devient, sous la pression, de blanc translucide, transparent; il passe à l'état de glace. Cette observation permet de comprendre l'expérience suivante :

Comprimez de la neige dans un moule sphérique, vous en retirerez aussitôt une boule transparente comme du cristal. Empilez de la neige dans le moule d'une statuette et vous obtiendrez, au grand étonnement de l'assistance, une figurine d'une grande translucidité

Enfin, on boit devant un bon feu du Xérès dans une coupe moulée avec de la neige qui voltigeait dans l'air ; on peut dîner dans un service moulé avec de la neige assiettes, verres, flacons en glace.

La glace ainsi comprimée ne se fond que lentement, un verre en glace résiste à la température d'une chambre bien chauffée toute une soirée. La petite couche d'eau fondue à l'extérieur défend le reste contre le réchauffement.

Pour empêcher une plante de geler, le meilleur moyen, c'est de l'entourer d'un linge mouillé, chaque petit glaçon qui se forme sur le linge donne de la chaleur, comme le ferait du combustible, et ce calorique réchauffe la plante et empêche sa température de descendre au-dessous de zéro. »

J'explique la cause de ce dernier fait par celle que j'ai donnée sur l'expérience chimique où l'eau s'échauffe, par cela même qu'elle se congèle, ainsi comme la chaleur de l'eau irait en descendant sur la plante pour éviter la transition de l'air glaçant qui la force à s'exprimer à l'opposé de la pression, cette chaleur échauffe donc la plante qu'elle pénètre.

Je vais donner la cause des autres.

La force centrifuge de la surface de la terre, arrivée dans son été, repoussant son air dans la lumière solaire, qui raréfierait cet air en y remplaçant sa matière qui se desserre en montant dans cette lumière plus vive parce qu'elle y descend plus aplomb, celle-ci se comprimant en s'agglomérant contre cette surface de la terre y produit la végétation par l'évaporation des matières qu'elle y fond, et que raffermit dans la plante l'air froid de la nuit. Tandis qu'à la surface de la terre arrivée dans son hiver, sa force centripète dominant dans cette saison, réattirant l'air contre terre, y produit le givre sur terre, le glacement des eaux et la neige dans l'air par la congélation des humidités que l'air sec de l'hiver doit pomper.

Ainsi, la gelée étant une contraction d'un fluide vers son intérieur par la transition qu'éprouverait sa chaleur, et l'évaporation étant une dilatation d'un fluide vers l'extérieur par l'attraction de sa chaleur vers un fluide plus froid, il faut donc, pour que la glace dégèle pendant qu'il gèle, qu'elle soit exposée dans un fluide dont la dilatation l'emporterait sur la contraction de la glace, que cette glace n'en pourrait condenser autant comme la chaleur de ce fluide en pourrait dilater; car, le mouvement ne pouvant s'arrêter, si la glace n'absorbe plus de fluide pour augmenter son volume et sa dureté, elle en doit rendre pour se refluidiliser.

Ainsi, la contraction de la glace qui attire vers son centre, doit amener les unes contre les autres les parties glacées exposées dans l'eau chaude que contient une cuvelle, et les faire se souder les unes aux autres, puisque, mutuellement, elles doivent, en s'attirant réciproquement, se serrer les unes contre les autres, et si on présente un morceau de glace à la surface de cette eau chaude sans l'y enfoncer, cette glace exposée à l'air de la gelée, ayant une plus grande aspiration par une plus grande contraction que celles qui sont dans l'eau chaude, elle doit les attirer et les y faire se souder, puisque, réciproquement, elles doivent se presser; la glace que l'on tient ne pouvant d'elle-même s'approcher de celles qui sont dans l'eau chaude de la cuvelle, celles-ci y étant libres, doivent, en attirant la glace qui est hors de l'eau et s'en trouvant attirées, s'y aller successivement coller.

Il en est de même de la vaisselle de glace qui se maintient par sa contraction dans l'évaporation, parce que cette contraction est maintenue par celle de l'air glacial du dehors, qui agit sur l'air du dedans.

Quant à la forme des flocons de neige, comme ils représentent une plante avec ses fleurs, ils doivent se former comme elle en commençant par le centre ou la tige, de laquelle partiront les branches et, de celles-ci les branchillons, et dans les angles qu'ils formeront les fleurs s'épanouiront.

Les branches, branchillons et fleurs des plantes poussent chacun autour d'un centre avec la même régularité que ceux de la neige, et c'est probablement par la grande attraction du centre du flocon de neige qui attire le fluide plus vite à travers les tubes des branches qu'il ne les peut traverser, ce qui le force à s'exprimer sur leurs côtés comme il l'a forcé à s'exprimer à égales distances autour de son centre et y former des branchillons dans les angles desquels s'exprimeront encore les fleurs en bourgeons, exactement comme chez les plantes.

Mais l'attraction de ces dernières sur le fluide qui doit les former, cette attraction l'attirant de la terre et de l'air, ces deux fluides dont l'un monte et l'autre descend dans la plante, s'y rencontrant, se forcent mutuellement à s'exprimer d'abord par les côtés du tronc, ensuite par les côtés des branches et des branchillons pour y former les bourgeons, de qui les branches, branchillons et fleurs naîtront

---

MON OPINION SUR CELLES DES DIFFÉRENTS AUTEURS QUI, DANS CES DERNIERS TEMPS, SE SONT OCCUPÉS DE LA CONSTITUTION DE L'AIR ; OPINION QUE, PRÉCÉDEMMENT, J'AI EN GRANDE PARTIE EXPRIMÉE DANS LE COURS DE CET OUVRAGE.

Il doit remonter de tous les astres qui tournent directement sur eux-mêmes tout ce que leur force centrifuge en peut repousser. Ainsi, le soleil en tournant sur lui-même, repousse de sa surface la cendre de la matière qui s'y divise en s'y desséchant en brûlant le corps gras qui la reliait : comme les planètes en tournant aussi sur elles-mêmes, repoussent par leur force centrifuge tout ce que les vapeurs de leur feu central peuvent évaporer de matières en se comprimant dans leur croûte de terre où elles causent des tremblements. Ces vapeurs, en traversant la croûte de terre par leur attraction sur la lune et sur l'air glacial d'au-dessus de l'atmosphère, ces vapeurs doivent s'imprégner de l'essence des matières qu'elles doivent entraîner dans les eaux des mers et dans l'air où elles doivent remonter continuellement et visiblement par les cratères des volcans, et surtout par leurs éruptions ; les eaux du pôle austral devant aussi les fumer, parce que ce pôle doit abondamment les expirer ; ce qui est cause, comme je l'ai déjà dit, que les eaux de ce pôle ne se glacent qu'à une très-grande distance de ce pôle. La force centrifuge repoussant aussi de la surface de la terre tout ce que la putréfaction par la fermentation et la disscccation y diviseraient de matières végétales et animales. Les végétaux aspirants pour se former des essences qui remontent des matières de la croûte de terre et de celles qui descendent en l'air, ces végétaux les communiquent aux êtres vivants en les nourrissant, ceux-ci aussi les respirant, de sorte que végétaux et animaux, en cessant de végéter ou de vivre, l'esprit qui les fit végéter ou vivre, fermentant dans leur inerte matière, comme un feu qui consume, la divise ; car, on sait aujourd'hui que la fermentation est due à des causes animées ; sans doute, dis-je, c'est l'esprit toujours vivant querenferme une matière morte à l'état latent qui doit s'y ranimer imperceptiblement pour la décomposer après l'avoir composée par son attraction qui attira la matière qui l'a formée ; cet esprit en évapore la partie grasse ou gazeuse qui cimentait sa matière qui forme une poussière impalpable en se décollant, en se desséchant, car, toute matière est formée de cette fine poussière qui, primitivement, s'est divisée en foyer solaire, et qui s'y divise encore, car les gaz qui y brûlent produisent la chaleur et la lumière de leurs parties grasses qui s'expriment de leur matière réduite en poussière par le dessèchement; cette lumière, en s'exprimant, s'élance vers les planètes qu'elle doit animer, et la poussière y est repoussée par la force centrifuge du soleil qui peut la palper; car, cette force centrifuge repousse surtout dans la largeur du zodiaque où sont les planètes, parce que le zodiaque étant en ligne avec l'équateur du soleil, sa force centrifuge y est aussi la plus grande pour repousser la poussière et exprimer la lumière; ces deux éléments reviennent aux planètes pour y remplacer les gaz qui s'en seraient exprimés à leurs zones polaires sous la pression de leur air qu'y attire en descendant la force centripète ; ce qui rendrait l'air polaire une sèche poussière charbonneuse contenant du fer de nickel et du cobalt ; cet air sec cause le glacement des eaux en les raffermissant, en s'y mêlant, en les pompant. C'est pourquoi cette poussière tombe abondamment sur les glaciers polaires qu'elle cause, comme du reste, sur les surfaces qui sont dans leur hiver, parce que, par le renversement de la terre qui éloigne de l'aplomb du soleil les surfaces d'un hémisphère, la force centrifuge de la planète-dominant sous le soleil, en repoussant plus abondamment dans la lumière solaire les eaux que cette matière y évapore; la force centripète de la planète dominerait d'autant plus aux surfaces qu'elles seraient plus éloignées de l'aplomb du soleil où la lumière de cet astre y arrivant trop en biaisant, ne pourrait s'y comprimer en y faisant du vent en y glissant, et y arrivant bien moins longtemps chaque jour, n'y pourrait rien évaporer, la force centrifuge n'en pourrait rien repousser; la force centripète doit alors y attirer et causer la congélation des humidités par la pression et la pénétration de l'air sec de l'hiver en l'attirant contre terre ; car, si l'air n'est pas repoussé en montant, il doit descendre.

Ainsi, la poussière que repousse constamment le soleil par son mouvement tournant, cette poussière qui forme le tourbillon solaire, pénètre dans les tourbillons planétaires de son système du côté où ces planètes regardent leur soleil ; ces planètes, en tournant aussi sur elles-mêmes, se forment aussi chacune un tourbillon composé de plus de cent sortes de poussières d'après la commisssion métropolitaine de New-York, provenant de la diversité des matières composant les planètes ; cette poussière forme de la neige en temps d'hiver, quand l'air de la basse atmosphère étant un peu brouillardé d'humidité, la poussière qui y descend, pompant cette humidité en la traversant, attirée bien plus fort en descendant par la force centripète de la planète que ne peut le repousser sa force centrifuge ; l'air pressé entre la surface du globe et sa force centrifuge doit se congeler ; car, contrairement à l'évaporation qui n'a lieu qu'où la force centrifuge produit une aspiration en remontant de l'astre, la congélation n'a lieu qu'où la force centripète produit une pression qui étouffe la chaleur dans la matière qu'elle glace, comme lorsque l'être vivant meurt ; car, c'est aussi par une pression ou suffocation causée par sa force centripète qui, étouffant sa chaleur dans sa chair, la glace.

M. John Tyndall, d'après des expériences, croit que l'air remplissant l'Univers serait privé de matière ; ce qui, selon lui, le rendrait sombre, parce qu'il ne pourrait arrêter la lumière solaire comme s'il contenait de la poussière.

Ainsi, selon cet auteur, l'atmosphère qui entoure la terre ne serait claire que parce que contenant cette poussière elle y arrêterait la lumière solaire. M. Flammarion confirmerait cette opinion, parce qu'ayant vu que l'air qui touche la lune est sombre, il le croit sans poussière.

Sans doute, si la lumière solaire n'était pas arrêtée par la matière, elle ne pourrait ni briller ni chauffer, mais il lui faut un globe de matière qui tourne sur lui-même, et assez volumineux pour qu'elle puisse assez abondamment s'y comprimer en s'y agglomérant. Les montagnes de la terre sont de trop petites masses de matière pour y arrêter assez la lumière solaire pour pouvoir s'y échauffer, puisqu'il gèle constamment à leur sommet. Et ce n'est que sur les astres qui tournent directement sur euxmêmes que la lumière solaire peut s'y échauffer en pouvant s'y comprimer et s'y agglomérer sur une assez grande étendue, afin que cette chaleur ne soit pas trop dominée par l'air qui l'entourerait qui pourrait l'absorber, parce que ces astres, en tournant, font place à cette lumière en repoussant la matière de leur air ;

et plus l'astre serait gros et tournerait vite, plus cette lumière y brillerait parce que plus elle s'y échaufferait, parce que davantage elle s'y agglomérerait et s'y comprimerait ; car, si cette lumière ne s'échauffe pas sur les astres lunaires ni sur les comètes, c'est parce que ces astres ne tournant pas sur eux-mêmes comme tourne la terre, en ne repoussant pas l'air qui les entoure, ne font pas de place à cette lumière qui ne peut que s'en réfracter sans pouvoir s'y agglomérer, tandis que la terre en tournant contre cette lumière solaire pendant toute sa matinée, la rabattant contre sa surface, la force à s'y comprimer en l'y faisant s'agglomérer jusqu'à la hauteur que l'on appelle atmosphère, parce que cet air contenant cette chaude lumière est vivant ou respirable. La preuve de ce que j'avance ici ; c'est que partant de deux heures après midi où cette chaleur est la plus grande, parce que plus longtemps la terre en tournant contre cette chaleur en aurait davantage comprimé contre sa surface. Mais, partant de deux heures, cette chaleur comme sa lumière vont diminuant graduellement en allant vers le couchant où elles devraient être la plus grande, puisque plus longtemps sans discontinuer, arrivant sur la même surface, elles devraient s'y être plus échauffées, mais, la surface de la terre de l'après-midi, contrairement à celle de la matinée qui engrène la lumière solaire en tournant, celle de l'après-midi se déroulant dans le sens de cette lumière qu'elle fuit, ne peut plus la comprimer en ne pouvant l'arrêter comme dans la matinée, où elle avance contre elle en la rabattant par ses coteaux dans ses vallées ; la surface de l'après-midi, se présentant aux rayons solaires de plus en plus en biaisant en en reculant, la chaleur et la lumière y vont aussi de plus en plus diminuant, de plus en plus y glissant, repoussée d'ailleurs en remontant.

Tandis que la lune, comme toutes les lunes, toujours pressée par l'air qui l'entoure qu'elle ne peut sans tourner, repousser de sa surface, cet air toujours glace sa surface en forçant sa chaleur à s'exprimer vers le centre de l'astre où elle y est étouffée faute d'air pour l'animer ; l'air qui entoure la lune doit donc être sombre, quoiqu'il contienne de la poussière qui forme l'air avec la lumière solaire qui le traverse sans cesse, mais cette lumière éteinte, soufflée par l'extrême vitesse de son mouvement, ne peut briller dans cet air, et, si elle brille sur les queues des comètes, c'est parce que ces queues contenant de l'humidité, se givrent par l'énorme pression qu'elles éprouvent en traversant si vivement le fluide éthéré.

M. Tissandier a cherché après un jour de pluie et après huit jours de sécheresse, de quoi se composait l'air pendant le printemps, où la surface de la terre étant nue, permettait à l'air de détacher de la surface de la terre maintes particules légères, et il a constaté que la quantité de matière contenue dans un mètre cube d'air à Paris, varie de 6 à 23 milligrammes.

Il a renouvelé son expérience sur la neige nouvellement tombée au mois de décembre en pleine campagne et sur les tours de
Notre-Dame ; ayant fait fondre cette neige, elle lui a donné des
résidus variant de 212 à 104 milligrammes par litre.

Ce qui prouve, dis-je, que la neige est en grande partie formée de
la poussière de l'air qui en pompe l'humidité. Ces résidus sont, dit
M. Tissandier, une poussière impalpable, pulvérulente, de couleur grise, et est formée de 70 pour cent de substances minérales,
sur 30 de matières organiques très-riches en carbone et brûlant avec éclat.

Le carbone, dis-je, c'est le gaz que contient l'air brouillardé
que la poussière doit pomper).

M. Tissandier a vu ses résidus au moment de leur dessication,
former des cristallisations toutes particulières.

Sans doute, dis-je encore parce que les atomes, en se séchant, se soudent jusqu'à leur entier desséchement qui les redivise en poussière.

M. Tissandier a trouvé dans le résidu de son eau de neige,
comme précédemment dans les poussières atmosphériques « des
quantités de fer très-appréciables, et s'il admet que les corpuscules métalliques peuvent provenir comme les autres poussières
de la surface du sol, il est possible aussi, selon lui, qu'une partie
de ces petits grains ferrugineux proviennent des espaces cosmiques et soient formés des débris des innombrables aérolithes
qui se brisent et éclatent au sein de notre atmosphère. »

Je crois avoir détruit cette opinion qui ne s'appuie que sur
une hypothèse sans fond.

M. Boussingault constata la présence dans l'eau de neige de
l'acide nitrique et de l'ammoniaque.

M. Nordenkiold affirme avoir recueilli sur les glaciers polaires
une poussière charbonneuse dans laquelle l'analyse lui avait
révélé la présence du fer, du nickel et du cobalt : ce qui l'avait
conduit à admettre « l'existence d'une poussière cosmique tombant imperceptiblement et continuellement. »

Sans doute, cet auteur n'ayant pu supposer que l'air soulevait
cette poussière des glaciers polaires, l'a cru descendue du ciel,
comme en effet elle en descend.

M. Collas croit que les diamants se seraient aussi formés dans les
régions cosmiques sous l'empire de froids excessifs ayant a mené
la solidification de leur carbone, et seraient tombés sur la terre à
une époque géologique assez récente, s'appuyant sur ce fait, que
le diamant n'est jamais trouvé que dans les couches superficielles.

Est-ce que la chaleur solaire, dis-je, qui a formé les déserts en en cristallisant la terre dans les pays les plus chauds,
qui sont ceux du diamant, est-ce que cette brûlante vapeur qui
y agirait sans cesse, serait impuissante à dégeler graduellement
les diamants, si c'était de la gelée que leur viendrait leur dureté.

La congélation comme l'évaporation sont des mouvements contractants ou dilatants qui ne peuvent toujours agir sur la même mattère, car il faut que la matière libre passe graduellement et alternativement par ces degrés différents.

M. John Tyndall traite les poussières de notre atmosphère, mais en se plaçant au point de vue de la transmission des germes morbifiques et des semences parasitaires. Si l'illustre professeur n'avait pas eu lui-même l'occasion de constater par l'obstacle qu'elles opposaient à l'une de ses expériences, l'existence d'innombrables corpuscules flottant dans l'air supposé le plus pur, le fait lui eût été affirmé par une note que venait de publier le *Scientific américain*, rendant compte des recherches de la commission métropolitaine de New-York.

La commission disait avoir recueilli plus de cent échantillons de poussière atmosphérique sur des plaques de verre. L'examen y a fait voir, mélangées dans diverses proportions, selon les lieux, des parties de sable, de quartz, de feldopatk, de noir de fumée, des filaments de laine, de coton, des écailles épidermiques, des gronules de fécule, de farine de froment, du tissu végétal, du tissu cutané humain, remarquable par ses stomates ou pores, des filaments végétaux, des pollens, de nombreux sporules de champignons, moisissures, etc.

En humectant ces poussières on obtenait bientôt des bactéries et des vibrions ; les champignons végétaient, preuve que la putréfaction et la fermentation dues, comme on le sait aujourd'hui, à des causes animées, ont leurs principes répandus partout.

M. John Tyndall aboutit par ses expériences à reconnaître que la prétendue clarté du ciel n'est due qu'au fourmillement dans l'atmosphère des corpuscules qui, en arrêtant, accrochant, réfléchissant, dispersant les rayons du soleil, ou plutôt en se faisant illuminer par eux comme autant de miroscopiques lampions, nous entourent d'une immensité brillante. Sans leur présence dans cet air, aux molécules duquel on avait jusqu'alors attribué l'effet dont l'honneur reviendrait ainsi aux seules poussières, nous n'aurions au-dessus de nous qu'un ciel noir, morne, sinistre. Il en serait pour nous ce qu'il en est pour la lune dont M. Flammarion a peint la lugubre situation. « A la surface de la lune, dit-il, lorsqu'on lève les yeux au ciel, on n'en voit point. Une immensité sans profondeur se laisse traverser par la vue sans l'arrêter sur aucune espèce de forme, et de jour comme de nuit on voit les étoiles, les planètes, les comètes et tous les astres de notre Univers. Le soleil passe devant eux sans les effacer, comme il le fait pour nous ; non-seulement on ne jouit plus de cette diversité perpétuelle que les mouvements des météores engendrent sur notre monde, mais on n'y contemple pas cette voûte azurée qui couronne la terre d'un dôme si magnifique. Un abime noir, et perpétuellement noir, s'étend dans l'espace. . »

A vrai dire, dit M. Félix Hément, tout est mis ici au compte de l'absence d'air, tandis que d'après l'expérience de M. John Tyndall, qui semble concluante, une atmosphère où ne flottent pas les multitudes de particules qui voguent dans la nôtre, nous ferait la lugubre condition du monde lunaire.

Si, dis-je, l'atmosphère de la terre (comme celles des autres planètes) n'était pas constamment repoussée de la planète par la force centrifuge de sa rotation qui desserre son atmosphère de sa surface, la lumière solaire ne pourrait, non plus qu'à la surface de la lune, s'y agglomérer, et sans agglomération, ne pouvant s'y comprimer, elle ne pourrait s'y échauffer. Car, elle n'est pas chaude en l'air avant d'arriver à terre, puisque l'on y est glacé ; cette lumière ne pouvant s'échauffer contre la surface de la terre, n'y pourrait rien évaporer, par conséquent rien n'en pourrait remonter. aucune force centrifuge d'ailleurs , n'en pourrait rien repousser ; car, il ne faut pas croire que sans cette force aucune flamme, ni aucune vapeur, ni aucune poussière ne pourrait remonter de terre, car c'est cette force qui cause tous les mouvements de la matière en la composant et la décomposant alternativement. Et, de cette force, dont j'ai donné l'origine du premier élan, dérivent tous les mouvements gravitants par les tourbillons qu'elle cause et qui entraînent les astres autour de leur centre tournant.

Les mouvements vibratoires, dit M. Edmond Becquerel, imprimés aux molécules des corps, sont une cause productrice de lumière : sans doute, dis-je, parce que la pression causant le mouvement, exprime la lumière des molécules pressés.

La meule du rémouleur pressée par la lame qu'elle aiguise, cette lame par son frottement, en arrache les grains qui jaillissent en étincelles chauffés par la pression et lancés par la rotation.

M. Edmond Becquerel dit qu'en frottant vivement des cristaux de quartz ou de verre l'un contre l'autre, on aperçoit dans l'obscurité des étincelles rouges ; dans les mêmes circonstances, le diamant frotté avec de la laine devient lumineux ; sur le silex frappé par l'acier, on distingue une lueur pâle ; bien des minéraux tels que le spath, la dolomie, les pierres précieuses, dégagent des étincelles et des lueurs phosphorescentes.

Lorsqu'on détaille, dit le même auteur, méthodiquement les cristaux en leurs fragments élémentaires, qu'on les clive, à chaque lame détachée une lueur apparaît. Ainsi, pour le mica et la pierre à plâtre cristallisée. Par contre, dans la formation des cristaux, de petites étincelles brillent au sein de la matière chaque fois que les cristaux élémentaires s'associent. L'union comme la réparation des atomes ne se produisent pas sans une action très-vive si l'on considère la faible masse des atomes.

J'ai dit précédemment que dans l'action de la gelée qui lie les atomes par une contraction, on entend le tintement causé par leur mouvement sondant ou cristallisant où la couche d'humidité ne fait que mouiller une sonore matière, et on doit voir briller la lumière que la pression produisant la congélation doit exprimer de l'eau à mesure qu'elle se glace.

Le bruit, comme la lumière, ont pour cause le mouvement.

L'air qui, en l'entourant, presse une matière allumée dont le feu l'attire pour s'en animer, parce que étant vivant, le feu aspire l'air et l'expire en fumée et en lumière que la pression de l'air en exprime et qui vibre comme le son que produit aussi la pression. Mais, la vibration de la lumière ne produit pas de son, parce que par sa grande subtilité, cette lumière ne peut frapper les coups sonores comme l'air matérialisé et comprimé ou un autre corps plus ferme encore. Tandis que le choc de deux corps sonores en exprime un son qui augmente d'intensité en se comprimant dans un instrument, comme le son de la cloche frappée par son marteau se comprime dans son clocher qui les comprime encore par les volisses par lesquelles il sort.

L'air soufflé par les poumons ou par un soufflet dans un instrument à vent, cet air se comprimant dans son passage resserré y cause une pression contre la matière sonore en proportion qu'il y est plus abondamment et plus vivement soufflé, et que l'air du dehors étant plus condensé lui oppose plus de résistance ce qui le fait tonner ou tinter selon la sonorité de l'instrument. L'air chassé violemment par l'explosion de la poudre dans un tube de fer ou d'airain, cet air en proportion de sa grande pression dans ce tube sonore causée par son extrême vibration et la résistance que lui oppose l'air du dehors à travers lequel le son du corps sonore s'élance par son attraction sur l'air plus froid qui l'entoure comme s'élance la lumière sur la matière, le son s'élance d'autant plus loin que de meilleurs et plus abondants échos doivent le répercuter ; mais le son s'étendant tout autour des points d'où il est parti, diminue d'intensité en se répandant à ses dépens dans un cercle de plus en plus grand, finit par cesser où arrivant au degré de l'air il ne peut plus avancer, l'attraction tendant à les égaliser, se trouvant épuisée.

Selon M. Edmond Becquerel, la houille, le soufre, le papier, les dents, les os, les coquilles deviennent phosphorescents à une température peu élevée.

Il faut, dis-je, que ces matières absorbent plus facilement la chaleur de l'air.

La pierre tombant au sein d'une nappe d'eau, dit encore M. Edmond Becquerel, y produit d'innombrables petites vagues autour du point où la pierre est tombée, qui courent en rangs pressés jusqu'aux limites du bassin. De même les ondulations sonores se propagent autour de la cloche ébranlée ; de même les ondes lumineuses se répandent dans l'espace autour de la flamme.

Je dis que ces ondes s'élèvent poussées par la pression de la pierre, du son ou de la lumière dans l'air comme dans l'eau au-dessus de leur niveau, par la résistance que leur font l'air ou l'eau à l'avant de leur marche, et doivent s'abaisser d'autant quand leur pesanteur dépasse la hauteur que leur degré doit occuper ; c'est pourquoi elles ondulent en serpentant, en s'élevant et s'abaissant alternativement.

La pression causée par la pierre tombant dans l'eau, celles causées par le son et par la lumière dans l'air qu'ils traversent, ces pressions se font d'abord sentir du côté où la pierre, le son et la lumière sont lancés; mais, par la résistance que leur oppose l'eau ou l'air, les ondulations, par ces trois mouvements, doivent avoir lieu tout autour du point où elles se produisent, parce que la résistance étant la plus grande à leur avant les force à s'élancer de tout le pourtour de ce point où la résistance est moindre en s'y divisant. Mais, c'est toujours par l'avant qu'elles avancent davantage, à moins que le vent ne leur soit contraire.

Les rayons solaires, arrivant à la fois sur la moitié des surfaces de la terre, ces rayons s'inclinant de plus en plus autour du rayon méridien en s'en éloignant par le bas, forment des ondulations dans l'air qui, du rayon méridien, s'étendent jusqu'à l'horizon. Ces ondulations doivent continuellement cesser par l'Orient et se continuer continuellement par l'Occident.

REMARQUES

QUE JE VIENS DE FAIRE A MA PREMIÈRE LECTURE D'UNE ŒUVRE DE CUVIER.

Cuvier a admis le principe, comme je l'ai admis, que le globe terrestre avait commencé par une boule d'eau qui aurait successivement déposé toute la croûte de terre par lits horizontaux, n'ayant pu comprendre autrement ses dépôts ; car, il attribue les lits inclinés des chaînes de montagnes à des bouleversements, et il aurait cru, comme je le crois, que ces chaînes, que j'appelle la charpente ou nervure de la terre, qui harponne la croûte de terre, furent les premières déposées.

Il a aussi avancé que le globe terrestre était vivant en respirant par ses montagnes ; j'ai aussi dit qu'il était animé de vie, car sitôt qu'il commença à tourner, sa vie a commencé en aspirant l'air par sa force centripète, par son pôle boréal, et en l'expirant par sa force centrifuge, par toutes les surfaces où cette force domine, mais aussi par son pôle austral, et cette vie de la terre a produit sur elle toutes les autres vies.

Cuvier a remarqué que plus les couches de terre sont anciennes ou profondes, plus elles sont uniformes dans une grande étendue, et plus elles sont nouvelles, moins profondes, plus elles sont limitées, sujettes à varier à de petites distances.

J'explique ainsi ce fait que n'a pas expliqué Cuvier :

Quand la terre n'était qu'un globe d'eau, elle a dû déposer la même matière dans une grande étendue ; mais, à mesure que les eaux séparées par des terres déposées, le tout ne pouvant plus aussi bien se mêler, ces eaux déposèrent leur matière chacune dans un espace plus circonscrit ; car, les pluies diluviennes qui se succédèrent pour déposer ou former la terre, y ayant apporté des matières différentes, la matière divisée au foyer solaire par une chaleur de plus en plus intense, dut arriver sur terre modifiée par ce plus de chaleur.

Cuvier attribue les inondations qui arrivèrent sur terre aux fonds de mer qui se seraient élevés plus haut que le niveau des eaux et qui auraient fait couler les eaux sur les terres sèches, en s'élevant au-dessus de leur niveau.

Mais, dis-je, comment supposer si gratuitement qu'un fond de mer s'élève sans pouvoir présumer aucune cause qui aurait pu le soulever. Et, d'ailleurs, si toutes les inondations étaient arrivées par des fonds de mer qui se seraient élevés, on doit supposer la terre creuse sous ces fonds, et alors les eaux, au lieu de couler vers les terre sèches, ces eaux auraient descendu pour remplir le vide que les fonds de mer qui se seraient élevés auraient laissés sous eux, car cette croûte de terre entre le poids des eaux et la force qui l'aurait repoussée du dessous, cette croûte se serait renversée pour laisser passer les eaux par un côté et la force qui la repoussait par l'autre côté.

Cuvier dit encore que les innombrables débris d'animaux marins deviennent de plus en plus rares à mesure que l'on s'élève vers les grandes crêtes des montagnes, et finissent par disparaître tout à fait: on arrive à des couches d'une autre nature qui ne contiennent point de vestiges d'êtres vivants ; cependant, elles montrent, par leur cristallisation, qu'elles étaient dans un état liquide quand elles se sont formées.

Mais, dis-je, ces montagnes ayant été formées par les dépôts des denses eaux des marées qui s'y sont élevées et qui ont lancé leurs lames, qui sont des marées les parties les plus denses, bien plus haut encore que leur niveau, surtout quand ces eaux étaient en tourmente, mais ces denses lames s'élevant presque perpendiculairement de la surface de ces eaux, ne contenaient pas de coquilles qui ne se trouvent qu'au fond des eaux où elles y formèrent des bancs d'une grande épaisseur, surtout dans les plus bas fonds des mers où leurs eaux les charrièrent.

Et, comme les montagnes, surtout les plus hautes, s'élevèrent les premières du sein des mers, les eaux ailleurs sans fond de terre ne purent produire d'animaux, qui ne naquirent que quand un fond de terre sous les eaux produisit des végétaux, ceux-ci purent alors nourrir des animaux. D'ailleurs, la végétation comme l'animation n'ont pu se produire dans les eaux des mers que lorsque assez de longues chaînes de montagnes formèrent des barrières dans les eaux des mers qui raccourcissant le cours de leurs marées en modérèrent la vitesse en les arrêtant plutôt, ce qui permit l'éclosion végétale et animale qui ont besoin de calme, de tranquillité pour que leurs germes ne puissent être divisés ou entraînés.

Ainsi, la supposition des grandes catastrophes qui auraient pu renverser les lits inclinés des montagnes, que l'on croit avoir été horizontaux, cette supposition n'est-elle pas détruite par ce que je viens de dire, et que j'ai dit encore plus explicitement dans le cours de cet ouvrage sur la formation des monts ? car, est-ce que les lits ou couches de ces monts étant inclinés jusque dans leur plus grande profondeur dans les couches horizontales déposées par des eaux tranquilles qui étaient au niveau d'eau, peuvent permettre de supposer que les lits inclinés des montagnes n'auraient pas été ainsi formés ? surtout quand on réfléchit que le niveau des eaux de la terre n'a jamais pu s'élever aussi haut que le sommet des monts.

Les terres se desséchèrent par le dessèchement des eaux et non par leur retraite, car à mesure que les eaux déposèrent leurs limons sur un fond de terre, leurs parties les plus claires s'évaporèrent dans l'air, repoussées par la force centrifuge.

Le granit, dit Cuvier, dont les crètes centrales des montagnes sont formées, ce granit dépasse tout et est aussi la pierre qui s'enfonce sous toutes les autres. Mais, dis-je, ce granit serait formé de la primitive matière des eaux qui commencèrent le noyau autour duquel les montagnes grossirent ; car, quand il n'y avait que des eaux, les mouvements affluants et refluants d'une telle masse de liquide causés par la rotation de la terre, qui entraîna dans son sens les parties les plus épaisses, parce qu'elles prirent plus d'élan, les parties les plus légères retardant sur le mouvement, durent arriver à se rencontrer avec les parties plus pesantes, et s'arrèter réciproquement en s'élevant tant que leur impulsion dura et domina leur pesanteur où elles s'élevèrent, les parties les plus épaisses déposèrent de leur côté leurs limons en talusant en montant perpendiculairement entre la pression des deux courants contraires, parce que, en se heurtant avec les eaux légères, elles s'élevèrent en ce sens, leur limon s'y élançant s'y colla en s'y tassant par les chocs réitérés des marées qui, dans ces premiers temps, où les terres non déposées ne pouvaient les arrèter, ces marées courant dans le même sens pendant longtemps, produisirent un vent qui les poussa beaucoup plus vivement encore, de sorte que leurs chocs furent si violents qu'elles durcirent leurs limons en les polissant à la dureté du granit, en s'élevant par leurs lames à la hauteur des plus hauts monts.

On rencontre des débris d'animaux dans les pays froids qui ne peuvent vivre aujourd'hui que dans les pays chauds ; mais, dans les premiers temps où peu de terre était déposée à peu de distance des eaux du pôle boréal, ces terres éloignées de l'équateur, n'étaient pas placées pour former une roue de volée qui aurait accéléré la rotation de la terre, dont la force centrifuge moins grande en ce temps pour repousser l'air à l'équateur, où moins de place alors était laissée aux rayons solaires pour s'agglomérer contre la terre, y produisit moins de chaleur ; la force centripète de la planète étant aussi moins grande à ses pôles pour y attirer l'air, cet air moins attiré contre terre y pressant moins la surface, y dut produire moins de froidure ; de sorte que les degrés sur terre étant alors moins différents, des animaux qui ne pourraient vivre aujourd'hui dans la zone glaciale, pouvaient alors y vivre, d'autant qu'étant eux-mêmes formés d'une matière plus matérialisée ils étaient moins sensibles au froid.

La formation de la houille ne peut venir que de végétaux submergés par les eaux qui les recouvrirent de leurs dépôts, car, comme je l'ai dit, le végétal imprégné de la grasse sève qui contient à l'état latent le feu qui les fit végéter en attirant cet aliment, ce feu qui y est comprimé peut donc se rallumer.

Les premiers animaux qui sont les plus enfoncés dans la croûte de terre, sont, comme je l'ai présumé, les moins perfectionnés, les plus grossiers, car ce sont des reptiles, des lézards grands comme des baleines, des crocodiles, des lézards volants d'un aspect effrayant. Les races des animaux se perfectionnèrent à mesure que l'air et les eaux furent assez purs, c'est-à-dire contenant assez de chaleur solaire qu'ils absorbèrent.

On trouve aussi dans les terres anciennes des animaux d'eau douce, car dans les premiers temps de la formation de la terre, la chaleur solaire ayant à traverser un fluide du soleil à la terre bien plus matérialisé qu'il ne l'est depuis longtemps, cette chaleur n'arrivait donc à la terre qu'avec un faible degré ; l'eau qui composait presque seule la terre n'était pas encore salée, car sa salure ne pouvant venir que de la chaleur solaire, cette faible chaleur d'alors ne pouvant encore décomposer les eaux, n'avait pas besoin de les pouvoir saler.

Artus VINCHON.

Saint-Quentin (Aisne), le 25 Mai 1875.

DÉSIGNATION DES PLANS QUE CONTIENT CET OUVRAGE

Société anonyme du GLANEUR. — Mod. 359.